GAP 스윙

GAP 스윙

지은이 이수행
발행일 2024년 3월 1일
발행인 이진숙
펴낸곳 충남대학교출판문화원
주소 대전광역시 유성구 대학로 99
전화 042-821-6045
홈페이지 http://www.cnupress.co.kr
E-mail cnupress@cnu.ac.kr

ISBN 979-11-6503-274-6 03690
정가 15,000원

골프가 즐거워지는 진짜 스윙의 원리

Grip. Address. Path

GAP 스윙

이수행

프로 골퍼가 그립부터 알려주는 즐거운 스윙의 시작 !!

Grip. Address. Path

이것이 GAP 스윙이다

충남대학교출판문화원

서문(preface)

약 15년 전 우연히 대학에서 골프수업을 담당하는 교수님께서 골프교재를 쓰신다며 나에게 스윙모델을 부탁하신 적이 있었다. 그 당시 나는 스윙모델이라는 것을 처음 경험해 보기 때문에 쑥스럽기도 했고 혹시나 괜히 민폐가 되지 않을까 하는 걱정을 많이 했었다. 하지만, 교수님과 함께 스윙모델로서 골프교재 제작에 참여하면서 부담감과 걱정은 사라지고 골프지도자로서 경험하지 못했던 재미와 즐거움을 느낄 수 있었다. 이 경험은 선수와 지도자로서 내가 체득한 골프를 이론적으로 녹여낸 책을 언젠가는 제작해야겠다는 생각을 하게 만들었고, 이때부터 골프교재를 만들기 위한 준비를 조금씩 해왔다.

골프교재를 준비하면서 다양한 교재들을 읽었다. 저자마다 각기 다른 스윙의 원칙과 방식을 주장하기 때문에, 초보자의 입장에선 어떤 원칙과 방식을 받아들일지 판단하기가 매우 어렵고 혼란스럽겠다는 생각이 들었다.

교습가마다 스윙방식이 다를 수 있기 때문에, 골프스윙은 어떤 것이 맞고 틀리다 단언할 수 없다. 하지만, 모든 스윙은 공통된 부분이 있다. 이 공통된 부분이 바로 골프의 기본기이다. 개인적으로 가장 중요

하게 생각하는 부분이다. 골프에 입문한 사람들은 대부분 많은 시간을 투자하여 연습한다. 그러나, 이들은 투자한 노력과 시간에 비해 실력이 늘지 않는다고 자주 하소연을 한다. 이들이 지닌 공통점은 바로 기본기가 제대로 갖춰지지 않았다는 것이다.

개인적으로 탄탄한 기본기를 갖추어야 상급기술이나 응용동작을 제대로 습득할 수 있다고 생각한다. 골프는 자연에서 하는 운동이다. 따라서, 다양한 상황에 맞게 샷을 구사할 수 있어야 좋은 스코어를 낼 수 있다. 아무리 연습을 많이 하고 구력이 쌓인 골퍼라 해도 기본기가 제대로 갖춰지지 않았다면, 필드에서 상황에 맞는 응용된 샷을 제대로 구사할 수 없게 된다. 당연히, 스코어는 줄지 않게 된다.

지난 20여 년 동안 초중고생, 중장년, 학생선수, 그리고 프로선수까지 정말로 많은 사람들을 지도해 왔다. 이들에게 기본기가 무엇이고 어떻게 쉽게 체득하는지를 알려주기 위해 고민과 노력을 많이 해왔고, 고민과 노력의 흔적을 이 책에 담았다. 그런 면에서 이 책은 독자들이 기본기를 쉽게 이해하고 연습할 수 있도록 세밀한 부분까지 상세하게 설명하고 있다.

서문(preface)

사실, 골프란 민감한 운동을 글로 설명한다는 것은 어려운 작업이고 분명 한계가 있다. 이 한 권의 책에 기본기를 완전히 담을 수 없음을 인정한다. 이 책이 담지 못한 부족한 부분은 추후 동영상을 제작하여 채우도록 하겠다.

이 책을 제작한 주요한 목적은 골프초보자들에게 기본기를 쉽게 이해하고 습득할 기회를 제공하는 것이다. 더불어, 중상급자들이 본인의 기본기를 다시 한번 체크하고 교정할 수 있도록 기준과 지침을 제시하는 것이 이 책이 쓰인 또 다른 목적이다.

이 목적을 이루기 위하여 그립부터 스윙의 세부 단계까지 상세하게 설명하기 위해 노력했다. 그래서 나는 이 책의 특징을 디테일(detail)이라고 생각한다. 어떻게 그립을 잡고, 어떻게 어드레스를 취하고, 어디에 힘을 주고, 어떻게 움직여야 하는지를 구체적으로 기술하였다.

책이 완성되기까지 도움을 주신 분들께도 감사의 인사를 드리고 싶다. 먼저 많은 가르침을 주신 이창섭 지도교수님과 이 책을 쓸 수 있게 많은 기회와 용기를 주신 윤대현 교수님께 감사드린다. 또한, 항상 책 작업에 몰두할 수 있도록 배려해주시고 응원해주시는 나의 멘토인 남

상우 교수님께 진심으로 감사드린다.

그리고 이 책이 출판될 수 있도록 기회를 주시고 도움을 주신 충남 대학교출판문화원에도 깊은 감사를 드린다.

특히, 고마운 사람은 각 장의 내용과 사진 촬영까지 전체 틀에 대해 여러 아이디어를 준 변상수 박사님, 최영수 사장님과 항상 사부님 잘 되시라고 물심양면으로 도와주느라 고생이 많은 영원한 나의 제자들 한혜윤, 임태호, 최재선, 김두참이다.

그리고 책을 쓸 수 있도록 아낌없이 지원해주신 이택호님, 이자희님 김대순 사장님, 김영배님 그리고 연구실 석, 박사님들과 주, 야간반 수강생분들에게 감사드린다.

가족에게도 감사의 인사를 전한다. 가장 미안하고 고마운 사람은 20년 동안 묵묵하게 내조하면서 곁을 지켜준 아내와 아이들이다. 한번도 고맙다는 말을 못했는데 지면을 통해 고마움을 전한다.

마지막으로 살아계셨으면 많은 격려와 힘이 되어주셨을 아버지 그리고 평생 아들을 위해 모든 걸 바치신 어머니께 진심으로 감사드린다.

GAP 스윙

Contents

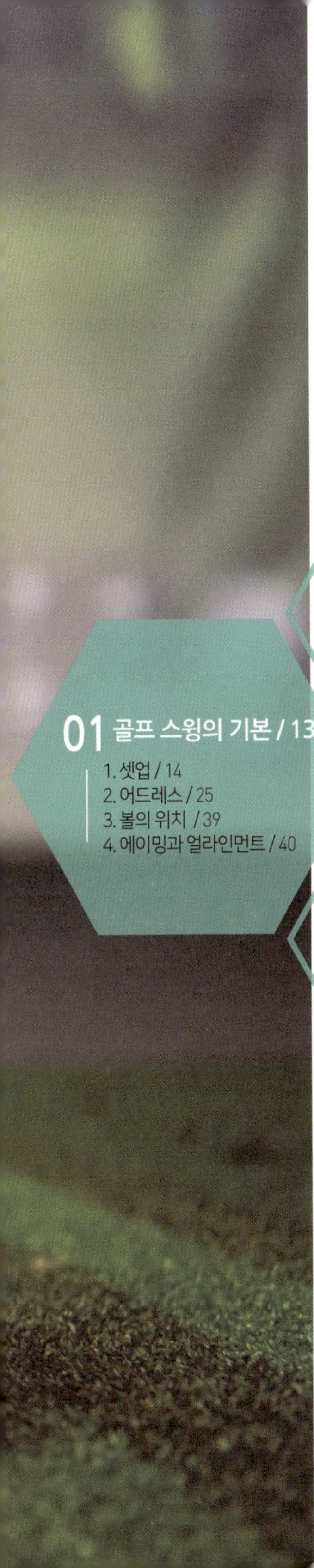

GAP 스윙

01

골프 스윙의 기본

01
골프 스윙의 기본

골프는 야구, 테니스, 하키 등과 같이 도구를 사용하는 구기 종목이다. 그러나, 골프는 다른 구기 종목들과 구별되는 특징을 가지고 있다. 다른 종목들은 하나의 도구를 사용하여 움직이는 볼을 쳐서 자신이 원하는 방향으로 보내는 운동이지만, 골프는 다양한 도구(전문용어로 클럽)들을 사용하여 지면에 정지된 볼을 쳐 자신이 원하는 방향과 거리의 한 지점으로 보내는 운동이다.

골프가 어려운 이유는 아래의 사진처럼 상체를 전방으로 기울인 불편한 자세에서 몸을 중심축으로 팔과 클럽을 회전시켜 일정한 스윙궤도를 만들어 지면에 놓인 볼을 타격해야 하기 때문이다. 골프에 처음 입문하는 사람들은 익숙하지 않은 자세와 평소에 접해보지 못한 방법으로 볼을 타격하기 때문에, 정확한 골프스윙 동작을 이해하고 습득하는데 긴 시간이 걸리고 많은 어려움을 겪게 된다. 올바른 골프스윙을 빨리 만들기 원하는 골프입문자들은 아래 사진과 같은 자세와 스윙궤도에 대한 이미지를 머릿속으로 그리며 연습해야 한다.

<야구스윙의 궤도>

<골프스윙의 궤도>

1. 셋업

골프에서 셋업(Set-up)은 목표 방향으로 볼을 치기 위한 준비자세를 지칭한다. 셋업은 그립(Grip), 어드레스(Address), 에이밍(Aiming)과 얼라인먼트(Alignment)로 구성된다. 골프의 어드레스는 전체 스윙을 만들기 위한 가장 중요한 시발점이다. 따라서, 올바른 골프스윙을 만들기 위해서는 기초 자세인 셋업을 제대로 이해하고 숙지해야 한다.

1) 그립

골프는 클럽을 이용하여 볼을 목표한 방향과 거리로 보내는 운동이다. 손은 몸에서 유일하게 클럽과 닿는 부위이며, 손과 클럽이 하나가 된 것처럼 그립을 잡아야 일관된 샷을 만들 수 있다. 또한, 그립은 스윙궤도, 헤드 컨트롤, 그리고 볼의 방향성과 매우 밀접한 관계가 있다.

(1) 골프 그립의 종류

그립의 종류는 베이스볼 그립, 오버래핑 그립, 그리고 인터로킹 그립 이상 세 가지로 나뉜다.

① 베이스볼 그립(baseball grip)

베이스볼 그립은 야구 배트를 쥐는 것과 동일하게 클럽을 잡는 방법이며, 열 손가락을 모두 사용하기 때문에 손이 작거나 힘이 없는 주니어나 노년기의 골퍼들에게 적합하다. 이 그립은 양손을 사용할 수 있어 비거리를 늘리는 데 도움이 되지만, 손목을 많이 사용하기 때문에 일관성은 떨어진다.

② 오버래핑 그립(overlapping grip)

오른손 새끼손가락을 왼손의 검지 위에 올려놓는 그립으로 가장 일반적으로 많이 사용하는 그립이다. 양손의 간격을 좁혀 한곳으로 모아주기 때문에 양손의 일체감과 균형감이 좋은 그립이다. 이 그립의 장점은 세밀한 클럽 컨트롤이 가능하고, 왼손 컨트롤이 용이하다는 것이다. 대부분의 사람들은 오버래핑 그립을 주로 남성들만 사용하는 것으로 알고 있는데, 사실 여성들과 아이들도 많이 사용하고 있다. 또한, 인터로킹 그립을 잡는 사람들 중 그립을 제대로 잡지 못해 일체감과 일관성이 떨어지는 사람들에게도 적합한 그립이다.

③ 인터로킹 그립(interlocking grip)

인터로킹 그립은 오른손 새끼손가락과 왼손 검지로 깍지를 끼워 잡는 그립으로 오버랩핑 그립보다 양손의 일체감을 더욱 강하게 느낄 수 있다. 혹자는 손이 작은 사람들이나 여성들만 사용하는 것으로 알고 있는데, 사실 남·여 누구나 사용해도 되는 그립이다. 이 그립의 단점은 그립을 잡을 때 힘이 많이 들어간다는 점과 올바르게 그립을 잡기가 어렵다는 점이다. 양손 깍지를 끼울 때 너무 깊숙이 끼우게 되면 오른손 그립의 위치가 손가락이 아닌 손바닥 쪽으로 치우치게 되며, 이로 인해 손과 손목에 불필요하게 힘이 많이 들어가게 된다. 따라서, 이 그립을 올바르게 잡으려면 정확한 자세로 많은 연습이 필요하다.

(2) 세 가지 그립의 공통점

퍼터를 제외한 모든 클럽을 잡을 때, 세 가지 그립 모두 손바닥이 아닌 손가락으로 그립을 잡아야 한다. 그 이유는 손가락으로 그립을 잡아야 견고하게 쥘 수 있고, 이는 자연스럽게 손목과 어깨의 힘을 빼지게 만들기 때문이다. 그래야 클럽의 샤프트와 헤드 무게를 이용한 스윙이 가능하게 된다.

예를 들면, 손가락과 손바닥에 각각 볼펜을 쥐고 잡아당기는 실험을 한다고 가정할 때, 먼저 손가락으로 볼펜을 쥐게 되면 가볍게 잡아도 볼펜이 쉽게 빠지지 않고 손목도 자연스럽게 움직일 수 있다. 반대로, 볼펜을 손바닥에 놓고 손가락으로 잡았을 정도의 강도로 볼펜을 쥐게 되면 손에서 쉽게 볼펜이 빠져나간다. 이때 볼펜이 손에서 빠져나가지 못하게 좀 더 강하게 힘을 주게 되면 손목부터 어깨까지 힘이 들어가게 된다.

골프는 클럽을 휘두르는 운동인 만큼 어깨와 손목이 부드럽게 움직여야 한다. 따라서, 그립은 항상 손가락을 이용해서 잡아야 한다.

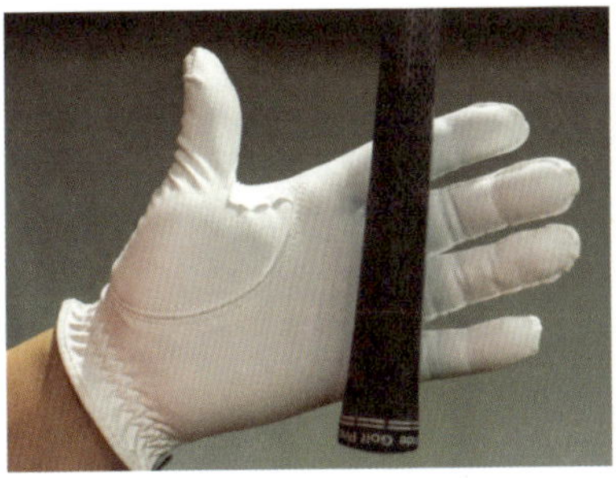

<손가락그립>

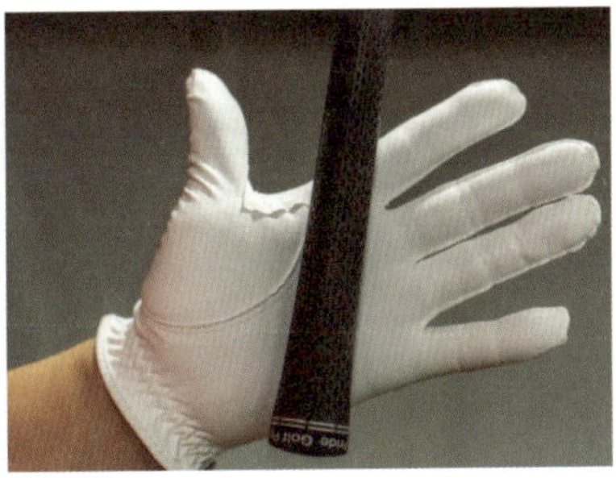

<손바닥그립>

(3) 그립의 압력 포인트

그립에는 압력포인트 즉 힘을 주어야 하는 손가락이 있다. 양손 열 손가락 모두 힘을 주는 것이 아니다. 압력포인트에만 힘을 주고 나머지는 힘을 빼고 쳐야 스윙궤도, 헤드컨트롤, 볼의 일관성이 향상된다.

압력포인트는 왼손의 새끼손가락, 약지손가락, 중지손가락 그리고 오른손의 중지손가락, 약지손가락이다. 이 다섯 손가락에 힘을 주고 나머지 손가락은 힘을 빼고 그립을 잡아야 한다.

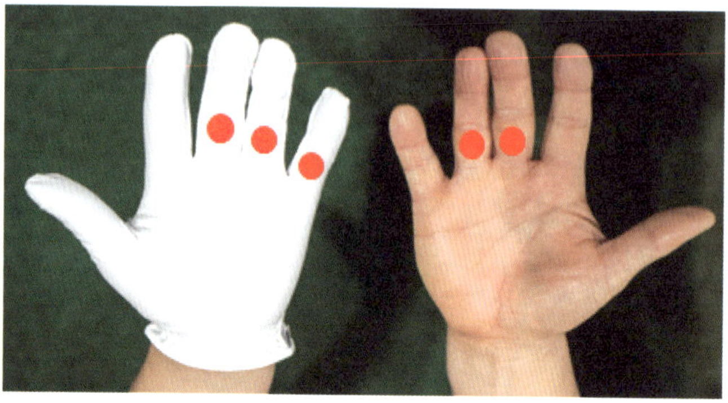

<그립 압력 포인트>

(4) 그립의 손목각도

필자는 그립을 잡을 때 가장 신경 써야 하는 부분은 양손의 손목 각도라고 생각한다. 이러한 이유는 클럽은 양손으로 휘둘러야 하는데 양손의 손목 각도가 서로 상이하거나 불편한 손목 각도로 스윙을 할 경우, 양손을 제대로 휘두를 수 없기 때문이다.

예를 들면, 양손으로 농구공을 잡고 던질 때, 공을 쥐고 있는 양손의 손목 각도가 서로 다르거나 손의 방향이 다르다면 몸과 팔의 힘을 제대로 이용해서 공을 던질 수 없게 된다. 또 다른 예로, 우리가 상대방과 악수를 한다고 생각해보자. 악수를 할 때 손목을 너무 위로 내밀면서 악수를 하거나 반대로 밑으로 내리면서 악수를 하면 손목에 힘이 들어가며 부자연스럽게 된다. 이때 팔과 어깨에도 힘이 많이 들어가는 것을 느낄 수 있다. 그립을 잡을 때는 클럽과 악수를 한다는 느낌으로 손목을 자연스럽게 유지하는 것이 좋다.

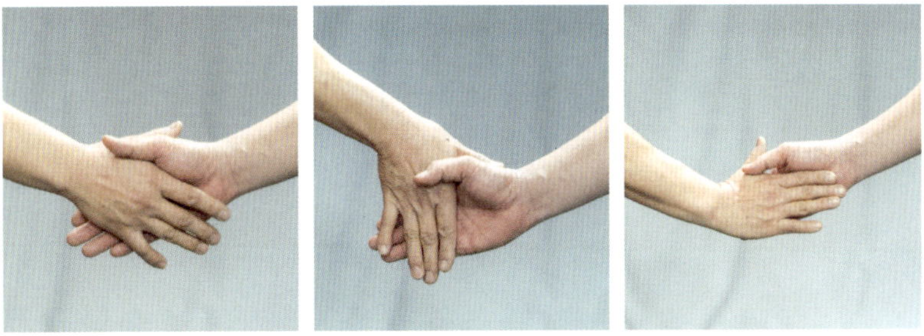

양손 그립은 일직선이 아닌 사선으로 잡아야 한다. 골프 클럽과 악수를 한다는 느낌으로 자연스러운 손목 각도로 손바닥이 아닌 손가락으로 그립을 잡게 되면, 클럽의 그립 부분이 손가락 부분에서 사선으로 위치하게 된다.

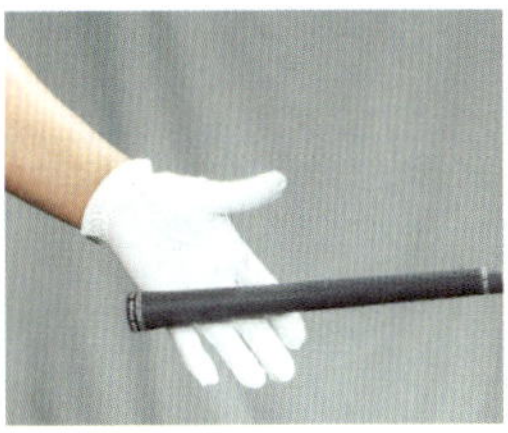

<올바른 그립 위치>

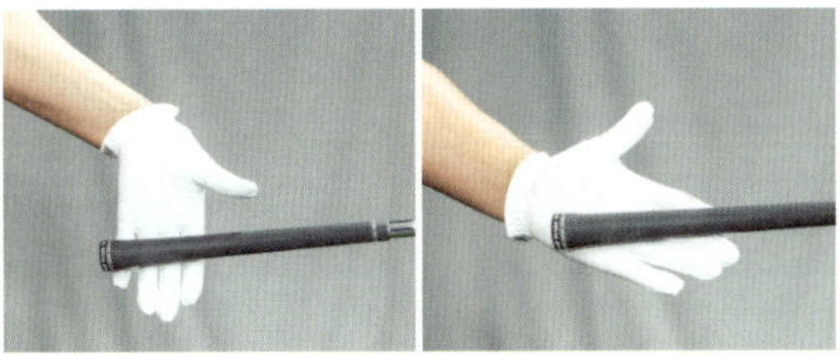

<잘못된 그립 위치>

(5) 왼손그립

왼손 그립은 왼손 검지손가락 세 번째 마디 상단과 새끼손가락 세 번째 마디 끝 선에 그립을 놓고 새끼손가락, 약지손가락, 그리고 중지손가락을 이용하여 그립을 말아 잡는다〈사진1〉. 여기서 말아 잡는다는 것은 손을 편 상태에서 주먹을 쥐듯이 잡는 것을 의미한다. 왼손은 세 손가락만 쥐고도 클럽을 휘두를 수 있을 정도로 약간 강하고 견고하게 잡아야 한다. 엄지손가락은 그립 위(클럽 그립에 글씨가 써 있는 부분)에 가볍게 올려놓고, 검지손가락은 세 번째 마디가 그립에 밀착되도록 잡는다. 이때 왼손 엄지손가락과 검지손가락의 길이가 비슷해야 그립을 제대로 잡은 것이다〈사진2〉.

또한, 그립을 쥔 모습을 위에서 보았을 때, 손등의 관절 두세 마디가 보여야 하고, 엄지손가락의 안쪽 부분이 그립 위에 쓰여진 글자들과 일직선이 되도록 잡아야 한다. 동시에 엄지손가락과 검지손가락 사이 부분이 자연스럽게 붙어있어야 한다〈사진3〉. 만일 이 부분이 벌어지게 되면, 힘이 분산되어 견고하게 그립을 잡을 수 없게 된다.

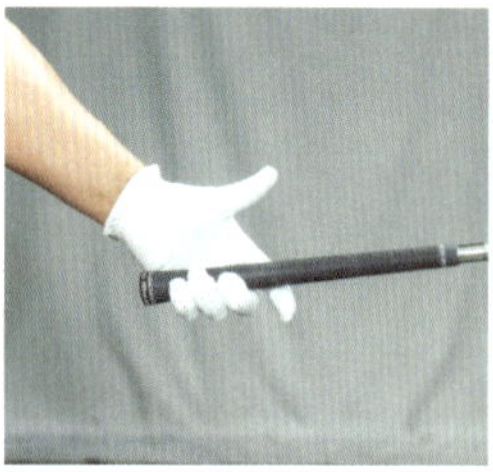
<사진1>

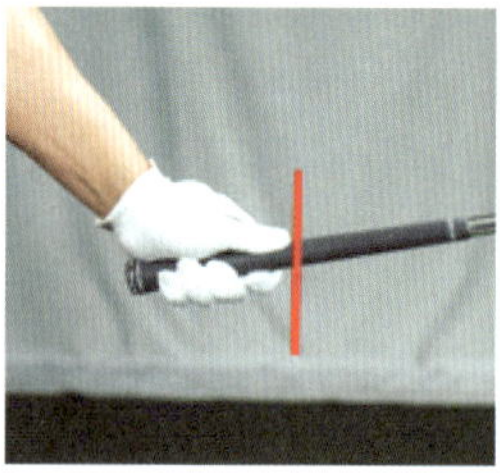
<사진2>

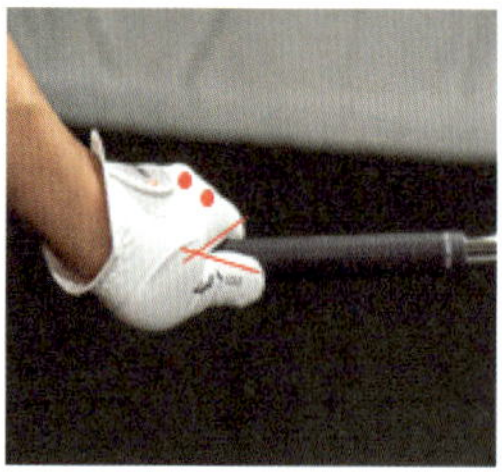
<사진3>

<왼손 그립과 세 손가락을 이용해서 잡는 연습>

대부분의 아마추어 골퍼들은 왼손이 주 손이기 때문에 왼손을 강하게 쥐어야 한다고 잘못된 생각에서 다섯손가락 모두 지나치게 힘을 주는 경향이 있다. 왼손 그립을 잡을 때의 핵심은 왼손의 압력포인트 즉, 〈사진1〉처럼 세 손가락에는 힘이 들어가도록 쥐고, 엄지손가락과 검지손가락은 힘을 빼고 그립 위에 가볍게 올려놓는 것이다.

잘못된 왼손 그립의 예들을 살펴보면, 〈사진4〉에서 보여지듯 엄지손가락을 길게 빼면서 엄지와 손목에 힘을 더 주면서 그립을 잡을 경우, 앞에서 설명한 바와 같이 손목이 앞으로 내밀어져 팔이 부자연스럽게 된다. 반대로 엄지를 뒤쪽으로 너무 당겨서 손목이 밑으로 꺾이는 것도 팔이 부자연스럽게 된다〈사진5〉. 그리고 엄지손가락과 검지손가락 사이 부분을 〈사진6〉처럼 너무 벌리거나 반대로 〈사진7〉처럼 너무 붙이면, 손목에 힘이 많이 들어가면서 힘이 분산되는 문제가 발생한다.

<사진4>

<사진5>

<사진6>

<사진7>

<잘못된 그립>

(6) 오른손 그립

오른손 그립은 손목 각도를 유지하며 왼손 그립과 동일하게 클럽의 그립을 대각선 방향으로 잡아야 한다〈사진1〉. 왼손 그립과 연결 동작은 앞에서 설명한 바와 같이 개인의 신체적 특성, 성별, 나이 등에 따라서 오른손을 잡는 방법이 달라진다. 이때 주의할 점은 오버래핑그립과 인터로킹그립을 잡을 때 왼손 검지손가락과 오른손 새끼손가락에 지나치게 힘을 주면 안된다. 대부분의 아마추어 골퍼들은 왼손과 오른손을 연결시켜야 한다는 생각에서 힘을 지나치게 많이 주게 되는데, 이는 좋은 그립 자세가 아니다. 그 이유는 연결 부위에 힘을 너무 주면 양손의 압력포인트에 힘이 빠지기 때문이다. 따라서, 오버래핑 그립을 잡을 때는 왼손 검지손가락 위에 오른손 새끼손가락을 가볍게 올려놓아야 하고, 인터로킹 그립을 잡을 때는 왼손 검지손가락과 오른손 새끼손가락을 가볍게 그러나 견고하게 연결시켜야 한다.

<사진1>

<사진2>

<사진3>

<사진4>

<올바른 오른손 그립>

왼손과 오른손의 연결 부분이 제대로 되었다면, 다음은 오른손의 압력포인트인 중지와 약지손가락으로 그립을 쥐었는지 점검해야 한다〈사진2〉. 올바르게 그립을 잡았다면, 왼손 엄지손가락 위에 오른손 엄지손가락 하단의 두툼한 부분(일명 생명선)이 위치하게 된다. 이때 〈사진3〉처럼 오른손의 생명선 부분으로 왼손의 엄지를 덮어주듯이 쥔다. 동시에 엄지와 검지의 안쪽 부분을 붙이면서 엄지손가락을 그립의 11시 방향을 향하도록 벌려 그립 위에 놓고, 검지손가락은 세 마디가 그립에 부드럽게 밀착되도록 말아 잡는다. 오른손 엄지손가락을 제대로 쥐었다면, 처음 왼손 그립을 잡았을 때처럼 오른손 검지손가락의 세 번째 마디에도 그립이 자연스럽게 밀착된다. 검지손가락은 방아쇠를 당긴다는 느낌으로 각을 만들어 구부려준다〈사진8〉.

골퍼들이 이렇게 그립을 잡지 않고 오른손 검지 모양이 야구 배트나 망치를 쥐는 자세로 잡게 되면 극도의 긴장감이 들어갈 뿐만 아니라 그립 안에 공간이 생기면서 스윙을 할 때 클럽이 움직이게 된다〈사진 7, 9〉.

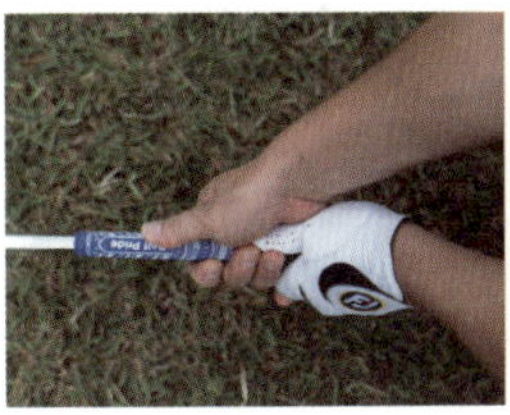
<사진5>

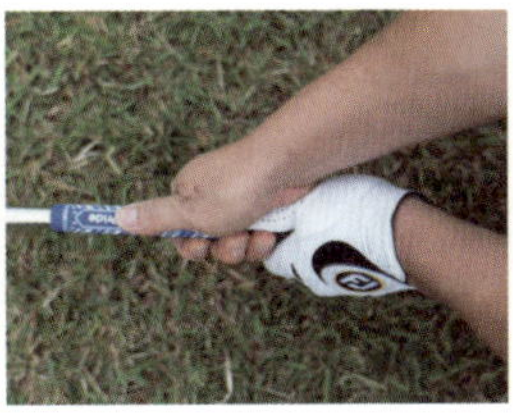
<사진6>

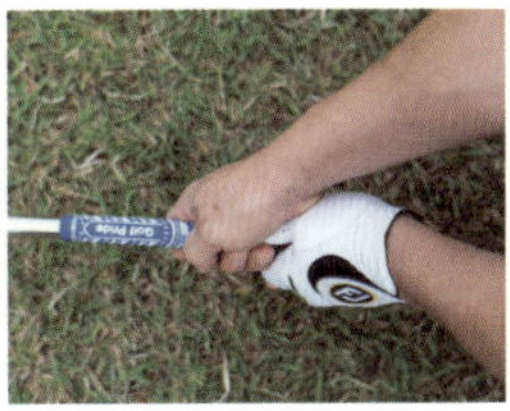
<사진7>

<잘못된 오른손 그립>

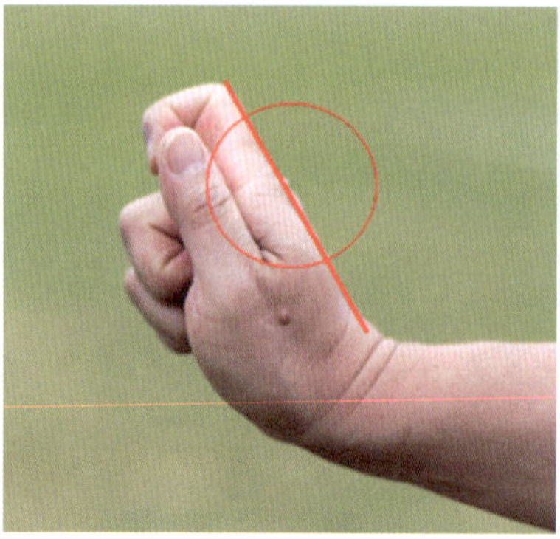

<사진8>

<올바른 오른손 그립 모양>

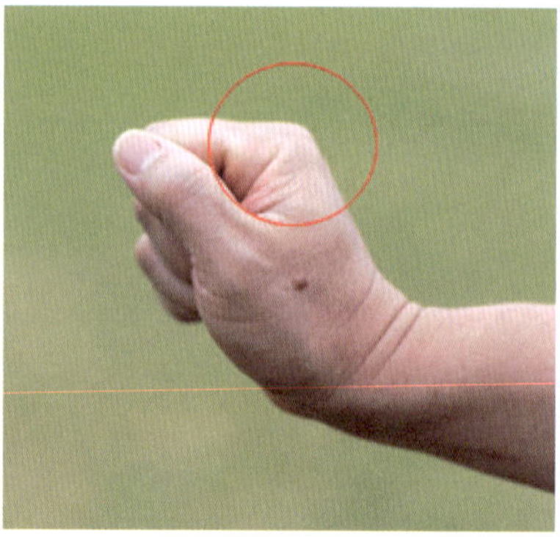

<사진9>

<잘못된 오른손 그립 모양>

주의할 점은 백스윙의 탑 포지션 자세에서 오른손목이 왼손과 클럽을 받쳐주는 역할을 한다는 것이다. 만일 어드레스 동작에서 〈사진5〉와 〈사진6〉과 같이 오른쪽 엄지손가락을 그립 위에 올려놓고 잡게 되면, 탑 포지션에서 손목이 아닌 오른손 엄지손가락으로 클럽을 받치게 된다. 이 경우 엄지손가락에 힘이 많이 들어가게 되면서 다운스윙 동작에서 엄지손가락으로 클럽을 밀어내게 된다. 그 결과 클럽이 빨리 캐스팅되어 클럽을 제대로 휘두를 수 없게 된다. 또한, 임팩트 순간에 오른손 엄지손가락이 미끄러져 정확하게 힘을 쓸 수 없을 뿐만 아니라 팔로우스루 동작도 제대로 할 수 없게 된다.

2. 어드레스

골프에서 어드레스는 볼을 목표 방향으로 보내는 스윙을 하기 위한 준비 자세를 의미한다. 그립이 클럽을 올바르게 휘두르는 역할을 한다면, 어드레스는 스윙의 궤도를 좌우하여 볼의 방향과 거리의 일관성에 영향을 미치는 매우 중요한 자세이다. 편안하고 균형 있는 어드레스 자세에 대하여 살펴보자.

1) 스탠스

어드레스에서 스탠스는 볼을 칠 때 양발의 간격과 볼의 위치를 의미하며, 스윙의 밸런스, 체중이동, 파워, 볼의 방향성에 중요한 역할을 한다. 만일 자신의 신장과 클럽의 길이에 비해 스탠스의 폭을 좁게 서면, 회전은 편하게 할 수 있지만 몸의 밸런스를 유지할 수 없어 제대로 스윙을 할 수 없게 된다. 반대로 신장에 비해 스탠스를 넓게 서면, 신체회전이 힘들고 중심 이동이 어려워지기 때문에 정확한 임팩트 자세를 만들 수가 없게 된다. 따라서, 골퍼들은 본인의 신장과 클럽의 길이에 맞게 스탠스를 조절해야 한다.

(1) 스탠스의 넓이

일반적으로 7번과 같은 미들 아이언은 어깨넓이 간격으로 스탠스를 선다. 어깨넓이는 어깨 안쪽인 겨드랑이 라인을 의미한다〈사진1〉. 스탠스는 반듯하게 서 있는 상태에서 양발을 어깨넓이 만큼 벌리면 되는데, 어깨선과 양발의 뒷꿈치 안쪽이 일직선이 되면 스탠스가 본인의 어깨넓이로 올바르게 서 있는 것이다.

<사진1> <사진2>

<스탠스의 넓이>

(2) 발의 모양

스탠스에서 발의 모양은 먼저 양발을 11자로 정렬한 상태에서 왼발을 새끼발가락 방향으로 약 15-20도 정도 자연스럽게 열어준다〈사진4〉. 왼발을 열어두는 이유는 백스윙에서 과도한 힙의 회전을 방지하고, 다운스윙에서는 원활하게 체중이동을 할 수 있게 만들어주기 때문이다.

만일 왼발을 열지 않는다면, 다운스윙에서 원활하게 체중이동을 할 수 없고, 몸을 무리하게 회전시키다가 발목에 부상을 입을 수 있다. 특히, 슬라이스가 많이 나는 아마추어 골퍼들은 슬라이스 해결법으로 왼발을 닫아놓고 연습하는 경우가 종종 있다. 이때 왼발을 너무 닫아놓으면 오히려 다운스윙 동작에서 왼쪽으로 원활하게 체중이동을 할 수 없어 왼쪽 엉덩이가 뒤로 빠지는 잘못된 동장이 나올 수 있고 발목에 부상을 입을 수 있다.

반대로, 왼발을 너무 많이 열게 되면, 골반이 왼쪽으로 많이 열리게 되면서 백스윙 동작 시 어깨를 원활하게 회전시킬 수 없게 된다. 이는 체중이동을 어렵게 만들어 슬라이스의 원인인 아웃-인 궤도의 스윙을 유발시킨다.

오른발의 경우 목표 방향과 직각이 되도록 놓는 스퀘어 스탠스는 권장되지 않는다. 그 이유는 유연성이 부족한 골퍼들이 백스윙을 할 때 스퀘어 스탠스가 몸의 회전을 어렵게 만들기 때문이다. 반대로 너무 많이 오른발을 열게 되면 백스윙에서 오른쪽 무릎이 지나치게 움직이게 된다. 이는 몸의 꼬임을 막고 균형을 잃게 만들 수 있다. 따라서, 본인의 유연성을 감안하여 스탠스를 조절해야 한다.

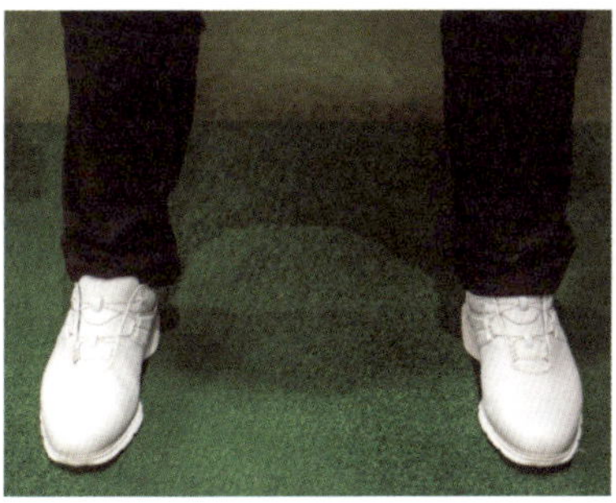

<사진3>

<사진4>

<스탠스의 정렬과 왼발 오픈모양>

(3) 클럽에 따른 스탠스의 폭

일반적으로 어깨넓이가 클럽에 따른 스탠스 넓이의 기준이 된다. 미들 아이언(6,7,8)은 어깨넓이로 서고, 숏 아이언(9,P,W)은 발 반 폭 정도로 좁게 선다. 롱 아이언과 유틸리티 · 우드는 반 폭 정도를 넓게 서고. 드라이버는 한 폭 정도 넓게 선다.

2) 몸의 자세

어드레스에서 몸의 자세는 골프스윙의 궤도를 만드는데 90% 이상을 차지한다고 해도 과언이 아니다. 어드레스에서 핵심은 안정감과 균형감이다. 안정감과 균형감을 좌우하는 것은 상체의 숙임 정도와 무릎의 구부림 정도, 양손의 위치, 그리고 양발의 무게 배분이다.

올바른 상체의 숙임과 무릎의 구부림을 만들기 위해서, 먼저 클럽을 쥐고 상체를 똑바로 세워 그립의 끝부분이 배꼽을 향하도록 양팔을 앞쪽으로 쭉 뻗어본다〈사진1〉. 이 상태에서 클럽의 헤드부분을 볼 뒤로 내리면 되는데, 이때 클럽헤드를 따라 상체도 함께 숙인다. 무릎은 발등 위에 무릎의 앞선이 위치하게 구부린다. 올바르게 상체를 숙였다면, 그립의 끝부분이 배꼽을 향하게 된다〈사진2〉. 만일 클럽헤드를 따라 상체가 함께 숙여지지 않았다면, 그립의 끝부분은 명치나 턱을 향하게 될 것이다〈사진4〉.

<사진1>

<사진2>

<어드레스 상체 숙이기>

상체의 숙임과 무릎의 구부림 정도는 측면에서 확인하면 정확히 알 수 있는데, 거울을 이용하면 쉽게 자가진단할 수 있다. 어드레스 자세를 취한 후 측면에서 볼 때 올바르게 상체를 숙이고 무릎을 구부렸다면, 어깨선이 무릎 앞을 지나 발등까지 일직선을 그려야 한다〈사진3〉. 만일 어깨선이 엉덩이와 발 뒤쪽을 향하고 있다면, 하체에 비해 상체가 너무 서 있는 잘못된 자세이고, 반대로 무릎이 발끝을 넘어간

다면 상체에 비해 하체를 너무 많이 구부리고 있는 잘못된 자세이다.

힙을 너무 많이 빼는 일명 오리궁뎅이 자세〈사진5〉로 어드레스를 취하는 사람들을 자주 볼 수 있다. 이 자세는 허리에 힘이 지나치게 많이 들어가 몸의 회전을 방해하고 허리부상을 유발할 수 있다. 또한, 〈사진6〉과 같이 무릎을 많이 구부리는 자세로 어드레스를 서게 되면 안정감은 느낄 수는 있으나, 중심축이 제대로 잡히지 않아 올바르게 회전하기 어렵다. 더불어, 〈사진7〉처럼 상체를 지나치게 많이 숙이는 어드레스 자세를 취하게 되면, 우선 스윙궤도가 지나치게 가파르게 되고 클럽헤드의 토우부분이 많이 들리게 되면서 스윙할 때 뒷땅이나 악성 훅이 발생하게 된다. 마지막으로, 〈사진8〉과 같이 볼과의 거리가 너무 먼 어드레스는 몸과 팔의 힘을 분산시켜 중심이동을 어렵게 만든다. 그 결과 비거리가 감소하고 방향성이 떨어지게 된다.

<사진3>

<사진4>

<사진5> <사진6>

<사진7> <사진8>

<올바른 어드레스<사진3>와 잘못된 어드레스>

3) 양손의 위치와 모양

"골프는 왼손으로 쳐라" 라는 격언이 있다. 이 격언은 왼팔이 목표 방향에 위치하기 때문에 스윙의 크기와 방향을 결정한다는 스윙의 원리를 함의하고 있다. 그래서 왼손을 주도적으로 사용하여 스윙을 만들고 볼을 쳐야 한다는 뜻이다. 반면에 오른팔은 왼팔의 스윙을 도와주는 보조적인 역할을 한다. 이러한 이유로 오른팔은 왼팔보다 힘이 더 들어가지 않아야 한다. 양팔의 힘을 제대로 사용하기 위해서는 양팔의 위치와 그립의 강도를 올바르게 알고 클럽을 쥐어야 한다. 그래야 일관된 스윙을 만들 수 있다.

먼저, 핸드포워드 자세를 알아보자. 골프는 가운데 정렬이 아닌 왼쪽 정렬이다. 예를 들어, 7번 아이언의 헤드를 몸 가운데인 배꼽 위치에 두고 클럽페이스를 목표방향과 수직으로 만들면 그립 끝은 배꼽의 가운데가 아닌 왼쪽을 가르키게 된다. 핸드포워드를 하는 이유는 샷을 할 때 임팩트 순간에 양손이 클럽헤드보다 약간 앞선 상태로 볼을 타격해야 더욱 강한 임팩트를 만들 수 있기 때문이다.

왼손의 위치는 볼의 위치와 상관없이 항상 왼쪽 허벅지 안쪽, 왼쪽 바지 주름 선, 또는 배꼽의 왼쪽 5cm에 위치해야 한다〈사진1〉. 모든 클럽의 어드레스 자세를 취할 때 그립을 쥔 왼손이 이 지점에 동일하게 위치해야 한다. 결과적으로 클럽에 따라 볼의 위치만 바뀌기 때문에, 핸드포워드의 각은 미들아이언에서 숏 아이언으로 갈수록 커지고, 롱 아이언, 우드, 드라이버로 갈수록 일직선에 가깝게 된다.

어드레스 시 양손과 몸 사이의 간격은 허벅지 앞부분과 그립의 끝부분이 15cm 정도 또는 주먹 한 개에서 한 개 반 정도 들어갈 정도의 공간을 유지하면 된다.

<사진1>

<사진2>

<핸드포워드>

(1) 왼팔의 모양

어드레스에서 왼팔을 정렬할 때 세 가지만 생각하면 된다. 첫째, 왼팔은 자연스럽게 편다. 왼팔은 원을 그리는 팔이기 때문에 항상 펴서 움직여야 한다. 이때 지나치게 어깨와 팔꿈치에 힘을 주어 펴는 것은 좋지 않다. 둘째, 자연스럽게 펴진 왼팔의 팔꿈치 안쪽의 접히는 부분이 몸 밖으로 약 45도 정도 보이게 정렬시킨다〈사진3〉. 이러한 왼팔의 정렬은 팔과 몸의 일체감을 유지하는 데 도움이 된다. 마지막으로, 그립을 잡았을 때 왼손 관절(너클)부분이 두 마디 반 정도가 보이도록 그립을 잡아야 한다. 두 마디 반의 관절이 보이도록 잡기 위해선, 수건을 쥐어짜듯이 안쪽으로 그립을 잡으면 된다.

일반적으로 왼손으로 그립을 잡았을 때, 관절부분이 두 마디 반 보이게 잡는 것을 뉴트럴 그립이라고 하고, 두 마디 또는 한 마디가 보이게 잡는 것을 위크 그립, 세네 마디가 보이게 잡는 것을 스트롱 그립이라고 한다.

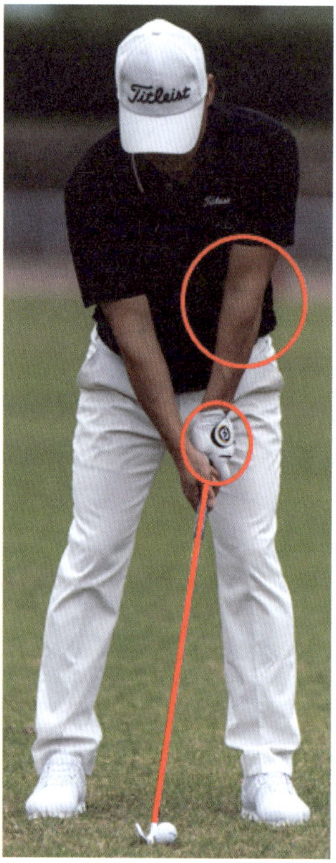

<사진3>

<사진4>

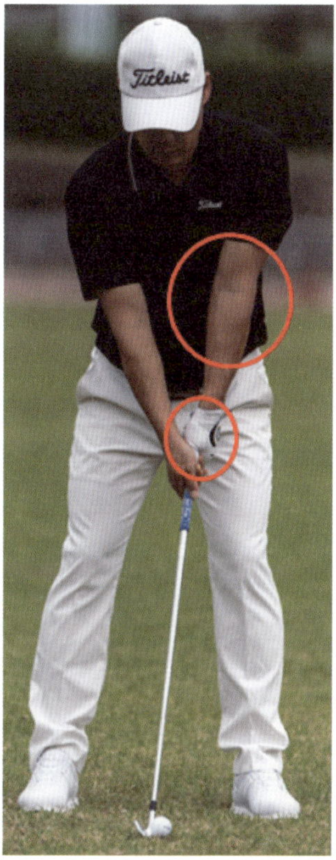

<사진5>

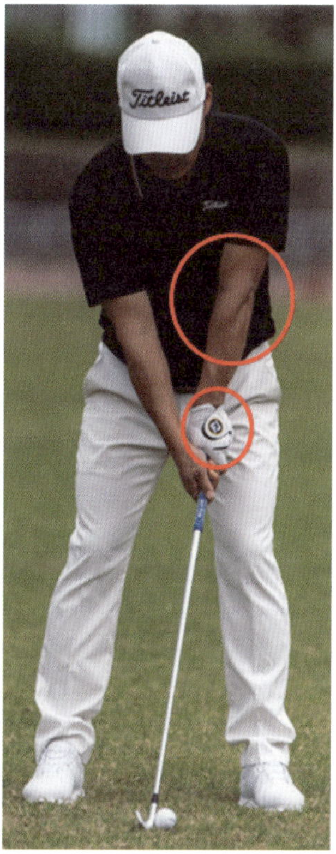

<사진6>

<올바른 왼팔모양<사진3>과 잘못된 왼팔모양>

〈사진4〉와 같이 오른팔에 힘이 너무 많이 들어가면서 왼쪽 어깨와 왼손 그립에 힘이 빠져 왼팔 팔꿈치가 구부러지게 되면, 왼팔이 스윙을 리드하지 못하게 된다. 반대로, 〈사진5〉와 같이 왼팔에 힘이 많이 들어가면 팔꿈치 안쪽의 접히는 부분이 전방으로 지나치게 내밀어지게 되면서 왼손목도 같이 돌아가는 문제가 발생한다. 이런 잘못된 왼팔 정렬은 팔과 어깨를 경직시키고 뉴트럴 그립을 위크 그립으로 변

경시킨다. 그 결과, 스윙동작에서 왼팔을 제대로 사용할 수 없게 된다. 마지막으로 〈사진6〉과 같이 몸 바깥쪽으로 팔꿈치가 향하는 자세는 훅그립을 잡게 만들고 왼어깨를 닫히게 만든다. 이런 자세로 스윙을 하면 임팩트 시 왼쪽어깨가 올라가면서 치킨윙 스윙이 될 확률이 높다.

(2) 오른팔의 모양

오른팔도 왼팔처럼 크게 세 가지만 생각하면 된다. 첫째, 오른팔은 구부린다. 팔꿈치가 굽혀진 상태를 유지하고, 왼쪽에 정렬된 클럽의 그립으로 움직여 왼손의 아랫부분을 오른손으로 잡도록 한다. 둘째, 팔꿈치 안쪽의 접히는 부분을 몸 밖으로 살짝 보이도록 해야 한다. 왼팔과 마찬가지로 팔과 몸의 일체감을 주기 위해서이다. 셋째, 그립을 잡을 때 오른손바닥이 왼손바닥과 마주 보게 잡는다〈사진1〉. 오른 팔꿈치를 지나치게 몸쪽으로 붙이면, 그립을 잡을 때 오른손바닥이 위를 향하게 된다. 이는 그립의 일체감을 떨어뜨리기 때문에 주의해야 한다. 특히 앞에서 이미 설명한 바와 같이, 인터로킹 그립을 잡을 때 손바닥이 위로 향하는 문제가 주로 발생한다.

양손의 위치와 그립을 제대로 잡았다면, 오른쪽 어깨가 왼쪽 어깨보다 약 10-13cm 정도 자연스럽게 낮아진다. 이러한 포지션이 형성되는 이유는 모든 클럽을 왼쪽에 정렬시켜 왼손 그립보다 오른손 그립을 내려 잡기 때문이다. 올바른 팔 동작과 그립의 모양은 어드레스 자세를 정면에서 확인하는 것이 가장 정확하다. 어드레스 자세를 정면에서 보았을 때, 양팔과 클럽이 알파벳 소문자 y 모양을 하고 있다면 양팔이 제대로 정렬된 것이다〈사진1〉.

만일 〈사진2〉와 같이 양팔이 대문자 Y 모양을 하고 있다면, 오른손 그립을 너무 강하게 잡으면서 팔꿈치를 펴기 때문에 발생하는 잘못된 동작이다. 이런 어드레스 자세로 스윙을 하게 되면, 핸드포워드가 되지 않아 헤드 무게를 이용한 스윙을 할 수 없게 된다. 또한, 테이크어웨이 시에 손목을 많이 사용하거나 오른쪽 팔꿈치가 많이 벌어지게 되면서 뒷땅이나 탑핑이 많이 발생하게 된다. 〈사진3〉과 같이 양손이 볼보다 뒤에 있는 어드레스 자세는 초보자들에게 많이 볼 수 있는 자세이다. 오른팔에 힘이 많이 들어가면서 오른팔 팔꿈치가 지나치게 펴지게 된다. 이런 잘못된 동작을 취하게 되면, 클럽헤드가 볼에 직각으로 정렬되지 않을 뿐만 아니라 스윙궤도와 헤드 스피드에도 문제가 발생하기 때문에 주의해야 한다. 〈사진2〉와 〈사진3〉과 같이 오른팔에 힘이 많이 들어가기 때문에 발생하는 문제는 오른팔이 몸과 벌어지지 않도록 오른쪽 팔꿈치 안쪽을 살짝 구부려 팔꿈치가 몸을 향하도록 약간 조여주듯이 정렬하면 해결된다. 마지막으로, 〈사진4〉와 같이 지나치게 핸드포워드를 하게 되면, 왼팔과 몸의 일체감이 떨어지게 되어 스윙 시 뒷땅이나 탑핑이 많이 발생하게 된다.

따라서, 골퍼들은 어드레스 자세를 설 때 항상 소문자 y 모양을 만들 수 있도록 오른손의 힘을 빼고 왼쪽 정렬을 유지해야 한다.

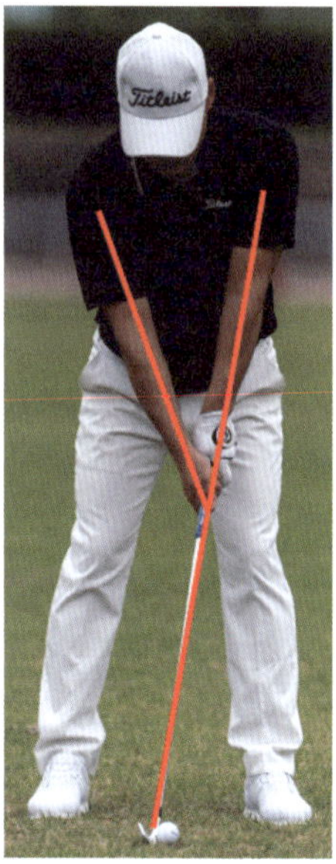

<사진1>

<사진2>

<사진1>

<사진3>

<올바른 오른팔모양<사진1>과 잘못된 왼팔모양>

3. 볼의 위치

어드레스 동작에서 볼의 위치는 볼의 방향과 구질, 탄도를 결정하는 데 중요한 역할을 한다. 볼의 위치는 클럽의 길이 또는 필드의 상황에 따라서 달라질 수 있는데, 일반적으로 미들아이언의 경우 볼은 스탠스 가운데 위치한다. 미들아이언을 기준으로 긴 클럽은 볼의 위치를 가운데에서 왼쪽으로 움직인다. 롱아이언은 대개 가운데에서 볼 한 개에서 한 개 반 정도 왼쪽에 위치하고, 드라이버의 경우에는 왼발의 뒷꿈치 안쪽에 볼이 위치한다. 이와는 반대로, 숏 아이언은 볼의 위치를 스탠스 가운데에서 오른쪽으로 볼 한 개에서 한 개 반 정도 움직이면 된다. 볼의 위치를 정하는 다른 방법으로는 가운데를 기준으로 클럽마다 볼의 반 개 혹은 약 3cm씩 좌우로 움직이는 방법도 있다.

또한, 골퍼들이 사용하는 클럽의 제조회사에 따라 로프트 각도나 오프셋이 각각 다를 수 있고, 이로 인해 어드레스 동작에서 스탠스의 폭이나 클럽을 쥐고 있는 손의 위치가 제조회사에 따라 다를 수 있다. 따라서, 골퍼들은 각자의 클럽에 따라 기준을 정하여 클럽의 길이에 따라 볼의 위치를 세팅해야 한다.

<드라이버>

<미들 아이언>

<숏 아이언>

<웨지>

4. 에이밍과 얼라인먼트

에이밍이란 클럽의 헤드를 목표방향에 직각으로 볼 뒤에 정렬시키는 것을 뜻하고, 얼라인먼트란 몸(어깨, 힙, 양발)을 목표선에 평행하게 정렬시키는 것을 의미한다. 예컨대, 사격선수가 과녁을 맞추기 위해 총구를 목표물에 조준하고 몸을 정렬하는 것과 동일한 동작이다. 정렬은 스윙궤도와 몸의 움직임에 많은 영향을 미치기 때문에, 정렬이 어떻게 세팅되는가에 따라 스윙궤도가 달라진다. 예를 들어, 볼을 똑바로 보내는 구질을 가진 선수가 볼을 오른쪽으로 휘게 타격해야 하는 상황을 맞이할 때는 평소보다 몸을 왼쪽으로 많이 열어 아웃-인 궤도의 슬라이스 방식으로 볼을 치게 된다. 텔레비전에서 프로선수들이 경기하는 모습을 보면, 선수가 볼을 치기 전에 항상 선수의 뒤에서 목표방향으로 제대로 정렬을 했는지 먼저 확인하고 이동하는 캐디의 모습을 볼 수 있다. 이처럼 정렬은 프로선수들도 매번 샷을 할 때마다 캐디의 도움을 받을 정도로 스윙의 결과를 결정하는 중요한 요소 중 하나이다.

많은 아마추어 골퍼들이 연습장에서 연습할 때의 스윙과 필드에 나가서 볼을 칠 때의 스윙이 사뭇 다르다고 말한다. 이들은 필드에서 완벽하게 스윙을 하여 볼을 잘 친 것 같은데 볼이 원하는 방향으로 나아가지 않는다고 하소연을 한다. 이러한 현상이 발생하는 근본적인 이유 중 하나는 볼과 목표지점을 연결한 목표선과 몸이 평행하게 정렬되지 않았기 때문이다. 즉, 어깨, 힙, 그리고 양발이 정확하게 목표선에 평행하게 정렬되지 않았고, 이것이 스윙의 나쁜 결과물을 만들어 낸 것이다.

예를 들어, 여러분이 타석이 정면을 바라보며 일직선으로 설치된 연습장에서 스윙 연습을 한다고 가정해 보자. 중앙에 걸린 과녁을 맞추기 위하여 가운데 타석에서 연습할 때와 앞쪽이나 뒤쪽 타석에서 연습할 때 스윙이 사뭇 다르다고 느끼게 된다. 이러한 이유는 정면을 향하고 있는 타석에서 중앙의 과녁을 타격하기 위해 골퍼들이 목표선과 평행하게 몸을 비스듬하게 정렬하는 낯선 상황에서 스윙하기 때문이다. 바로 공간지각능력에 문제가 발생하는 것이다. 하물며, 연습장보다 공간지각능력이 더 떨어지는 필드에서 스윙을 하면 그 괴리감은 더욱 커지게 된다. 이 괴리감은 아마추어들이 평상시 연습장에서 목표물을 바꾸지 않고 무작정 볼을 정면으로 보내는 스윙만 연습하기 때문에 발생한다.

이런 잘못된 연습방법으로는 필드에서 일관성 있는 정확한 스윙을 할 수 없다. 필드에서 효과적인 스윙을 연습하기 위해서는 연습장에서 목표물을 자주 바꾸어 가면서 실제 필드에서 치는 것처럼 몸의 정렬을 생각하며 연습해야 한다. 도구를 활용하여 연습하면 더욱 효과적인데, 골프클럽 또는 얼라인먼트 스틱을 양발 앞과 볼 사이에 평행하게 두고 연습을 하면 좋다〈사진1〉. 〈사진2〉의 정렬은 목표방향 보다 몸이 오른쪽으로 많이 닫혀있기 때문에 훅 구질의 볼을 칠 확률이 높다. 그리고, 〈사진3〉의 정렬은 몸을 왼쪽으로 많이 열어두고 있기 때문에 아웃-인 궤도로 슬라이스 볼을 치게 된다. 가장 중요한 것은 본인이 어떻게 정렬하고 있는지 아는 것이다. 〈사진1〉과 같은 정렬을 기본으로 상황에 따라 〈사진2〉와 〈사진3〉 같이 다양한 구질을 연습하면 좋다.

<사진1>올바른 정렬

<사진2>잘못된 정렬

<사진3>잘못된 정렬

1) 정렬하는 방법

대부분의 아마추어 골퍼들은 필드에서 목표지점을 향해 어드레스 자세를 취할 때 올바른 방향으로 몸을 정렬하지 못한다. 이러한 이유는 골퍼들이 볼 뒤에서 목표지점에 수직으로 클럽의 헤드를 에이밍할 때, 볼 뒤의 잔디에 클럽헤드로 선을 그려 표시를 하거나, 또는 클럽헤드를 목표지점과 일직선이 되도록 볼 뒤에 고정시킨 후 몸을 돌려 목표방향으로 정렬을 하기 때문이다. 이때 어디에 표시를 했었는지 혼동하게 되거나, 클럽헤드를 볼 뒤에 고정시킨 후 어드레스 자세로 돌아설 때 클럽헤드가 움직이면서 방향성에 문제가 발생하게 된다.

이러한 문제를 방지하기 위해서는 본인의 눈으로 목표선을 설정하는 습관을 만들어야 한다. 우선, 눈으로 목표방향과 클럽헤드를 정렬해야 한다. 이후 양발과 무릎, 어깨라인을 목표선과 평행이 되도록 맞춘다. 이때 처음 설정해 놓은 클럽의 목표선과 정렬이 변형되지 않도록 세심한 주의가 필요하다. 부단히 연습하여 클럽과 몸을 올바르게 정렬하는 본인만의 방법을 터득하는 것이 중요하다.

<사진1>

<사진2>

<사진3>

2) 정렬순서

몸과 클럽의 정렬순서를 단계별로 살펴보자. 먼저, 볼 뒤에 서서 목표물을 눈으로 보고 가상의 선을 그린다. 둘째, 볼로부터 약 30~50센티 앞 가상선 위에 놓인 이물질(여러가지 물질)을 중간 목표지점으로 설정한다. 셋째, 볼과 이물질을 일직선으로 연결한다. 넷째, 일직선으로 연결한 선과 평행선을 눈으로 계속 그리면서 클럽헤드의 페이스를 수직으로 정렬시킨다. 〈사진1〉과 같이 아이언의 헤드페이스는 기타줄 모양의 홈이 새겨져 있다. 이것을 그루브라고 하는데 볼의 스핀을 조절하는 역할을 한다. 그루브의 맨 밑부분을 보면 흰색으로 표시가 되어 있는데, 흰색으로 표시된 부분을 〈사진2〉와 〈사진3〉과 같이 직각이 되도록 정렬시킨다. 그 다음으로 양발, 무릎, 힙, 그리고 어깨라인을 중간 목표지점과 평행이 되도록 정렬시킨다. 마지막으로, 눈으로 목표물을 다시 한번 확인을 한다.

GAP 스윙 02

스윙

02 스윙

1. 스윙궤도의 이해

골프에서 볼의 방향과 거리에 가장 많은 영향을 주는 것은 스윙궤도라고 할 수 있다. 스윙궤도는 몸을 중심으로 기울어져 있는 커다란 원이며, 클럽헤드는 그 원을 따라 움직이게 된다. 스윙궤도는 골퍼들의 체형과 근력, 유연성 등에 따라서 다르지만, 아마추어 골퍼들은 보통 텔레비전에 나오는 프로선수들의 스윙을 똑같이 모방하고 싶어 한다. 프로골퍼와 같은 멋진 스윙을 만들기 위해 모방하는 것은 좋은 방법이다. 단, 자신의 신체적 특성을 고려하지 않은 채 프로들의 스윙을 무작정 모방한다면, 부상에 노출될 수 있고 본인의 의도와 전혀 다른 스윙궤도가 만들어질 수 있다.

이러한 부작용을 방지하기 위해서는 항상 전문가와 먼저 상의를 한 후에 스윙궤도 만들기 연습에 집중해야 한다. 일반적으로 스윙궤도는 아웃투인, 인투아웃, 인투인 세 가지로 구분되고, 이 궤도들은 볼의 구질에 가장 큰 영향을 준다.

첫 번째 아웃투인 스윙궤도는 백스윙에서 다운스윙할 때 클럽헤드가 바깥쪽에서 안쪽으로 움직이는 스윙을 말하며, 대부분의 골퍼들이 지닌 스윙궤도이다. 이 궤도는 볼이 오른쪽으로 휘어지는 슬라이스 구질을 유발하고, 볼에 스핀이 많이 생겨 단단한 그린에서 볼을 세워야 할 때 적합하다.

두 번째 인투아웃 스윙궤도는 골퍼들의 악성 슬라이스를 해결하는 만병통치약으로 불리는 일명 '2시 스윙'이다. 즉, 다운스윙 시 클럽헤드를 2시에 방향으로 보내도록 스윙궤도를 그리는 스윙이다. 이 스윙궤도는 아마추어 골퍼들이 가장 습득하기를 원하는 스윙이다. 인투아웃 스윙궤도는 모던 스윙의 창시자인 벤호건을 시작으로 많은 골프지도자들이 교육하고 있는 스윙이며 볼이 왼쪽으로 휘어지는 드로우 구질을 구사하기 용이한 스윙이다. 단점으로 유연성이 떨어지는 골퍼들은 스피드를 내기 어려운 측면이 있다.

마지막으로 인투인 스윙궤도이다. 다운스윙 동작에서 클럽의 궤도가 어드레스 동작의 샤프트 라인과 일치하는 경우로 안쪽에서 들어와 임팩트를 지나 안쪽으로 돌아나가는 궤도이다. 바디 턴 스윙이라고 불리는 인투인 스윙궤도는 주로 프로나 로우핸디 골퍼들이 구사한다.

각각의 스윙궤도는 장단점이 있다. 따라서, 골퍼들은 본인의 신체적인 특성과 필드의 여건에 따라 일관성이 있는 샷을 구사할 수 있는 스윙궤도를 만드는 것이 중요하다.

2. 스윙의 단계

1) 테이크어웨이

스윙의 첫 단계인 테이크어웨이는 넓은 스윙아크와 스윙궤도를 만드는 중요한 기초단계이다. 왼손, 팔, 어깨가 함께 클럽을 뒤로 미는 듯한 느낌으로 움직여 회전을 만들어내는 동작이다. 이 동작을 One-Piece-Takeaway라고 하는데, 손이나 손목을 꺾거나 비틀지 않고 클럽과 왼쪽 팔을 중심으로 양쪽 어깨가 하나가 되어 움직여야 한다.

어드레스를 섰을 때 정면을 12시라고 가정해 보자. 이 경우 왼쪽인 목표방향은 시계의 9시가 될 것이고, 반대인 오른쪽은 3시가 될 것이다. 테이크어웨이 시 클럽의 샤프트가 목표방향의 반대인 2시 또는 3시 방향을 향하면서 클럽페이스의 리딩엣지(Leading Edge)가 척추각과 일치해야 한다. 샤프트의 높이는 힙의 높이 즉, 지면과 평행인 높이에 위치한다〈사진1〉.

테이크어웨이 동작에서 머리와 시선은 고정되어야 하고, 왼팔은 어드레스 동작과 마찬가지로 곧게 펴져 있어야 하고, 오른팔은 팔꿈치가 벌어지거나 곧게 펴지 않고 자연스럽게 구부러져 있어야 한다. 양팔의 간격은 어드레스 때와 동일하다. 하체의 동작은 상체의 동작에 비해 그 폭이 작게 움직여야 하는데, 이때 너무 뻣뻣하게 하체를 고정하거나 지나치게 많이 움직여선 안된다. 하체는 상체를 따라서 자연스럽게 움직여야 한다〈사진2〉.

<사진1>

<사진2>

<테이크어웨이 올바른 동작>

〈사진3〉과 〈사진4〉와 같이 손목을 돌리거나 팔로만 테이크어웨이를 하게 되면, 클럽페이스가 열리게 되면서 슬라이스나 훅이 발생될 확률이 높아지게 되고, 클럽과 팔 그리고 몸의 일체감이 떨어지면서 거리와 방향에서 일관성이 낮아지게 된다. 또한 〈사진5〉와 〈사진6〉과 같이 지나치게 오른팔로 잡아당기는 테이크어웨이를 하게 되면, 오른쪽 팔꿈치가 벌어지게 되면서 클럽페이스가 닫히게 되고 몸이 역피벗 될 확률이 높아지게 된다. 따라서, 테이크어웨이 동작에서는 왼쪽 팔을 중심으로 양쪽 어깨가 하나가 되어 움직여야 한다.

<사진3>

<사진4>

<사진5>

<사진6>

<테이크어웨이 잘못된 동작>

2) 코킹과 하프스윙

(1) 코킹

테이크어웨이 동작에서 손목을 사용하여 클럽을 위로 들어 올려주는 동작을 코킹이라고 한다. 코킹은 지렛대의 원리를 활용하는 것으로 스윙 시 좀 더 효율적으로 힘을 발휘할 수 있도록 도와준다. 코킹은 백스윙의 어느 특정 지점에서 이루어지는 것이 아닌 테이크백을 시작하면서 동시에 코킹 동작이 서서히 시작된다. 비행기가 활주로에서 이륙하는 자연스러운 움직임을 연상하면 이해하기 쉬울 것이다. 코킹이 너무 빠르면 스윙은 가파르게 되어 좌우로 체중 이동이 되지 않아 이른바 '오버스윙(리버스 피벗)'이 될 확률이 높다. 반대로, 코킹이 너무 늦으면 백스윙의 탑에서 몸과 클럽의 리듬을 맞추기가 어려워 일관성 있는 임팩트가 이루어지지 않는다.

코킹을 할 때 주의할 점은 크게 두 가지이다. 첫째, 코킹은 팔꿈치가 아닌 손목을 사용해야 한다. 코킹은 손목을 사용하여 클럽헤드를 위로 들어주는 동작이다. 백스윙 동작에서 코킹을 할 때, 왼팔 또는 오른쪽 팔꿈치가 어드레스 자세보다 더 많이 굽혀지면 잘못된 코킹이다〈사진1〉. 왼팔은 스윙의 아크를 만들어주기 때문에 어드레스 자세와 마찬가지로 자연스럽게 곧게 펴져 있어야 한다. 또한, 오른쪽 팔꿈치가 어드레스 자세보다 더 많이 굽혀지면 왼팔도 같이 굽혀질 수 있다. 이러한 자세로 다운스윙 동작에 들어가면 굽혀졌던 오른쪽 팔꿈치가 펴지면서 코킹이 빨리 풀리게 된다. 그 결과 뒷땅과 같은 잘못된 샷이 발생하게 된다. 이를 방지하기 위해서는 손목으로 올바르게 코킹이 되어있는지 우선 확인해야 한다.

둘째, 왼손목은 코킹을 할 수 있을 만큼만 해야 한다. 골퍼들은 코킹을 90도 각도로 만들거나 혹은 그 이상으로 만들어야 비거리를 늘리는 데 유리하다고 생각한다. 이러한 생각은 잘못된 것으로 코킹 시 오른쪽 손목을 과도하게 사용하면 왼쪽 그립이 일찍 떨어지거나 오버스윙이 발생한다〈사진2〉. 또한, 과도한 코킹은 손목 부상을 일으킬 수 있다. 따라서 코킹은 왼손목을 사용하여 자신이 할 수 있는 만큼만 하는 것이 중요하다.

<사진1>

<사진2>

<잘못된 코킹>

코킹 자가 진단 Tips

자신의 코킹을 확인하는 자가 진단법으로는 〈사진3〉와 같이 반듯하게 선 자세를 취한 후 배꼽높이로 클럽을 지면과 평행하게 든다. 그 다음 〈사진4〉과 같이 클럽헤드를 양쪽 손목을 이용하여 왼팔이 지면과 평행한 높이까지 코킹을 한다. 이때 왼팔은 자연스럽게 펴지게 되고 오른팔은 자연스럽게 굽혀지게 된다. 이후 상체를 우향우 자세로 3시 방향으로 돌린다〈사진5〉. 그리고, 몸을 볼을 향해 숙여 어드레스 자세를 취하면 본인에게 맞는 백스윙의 코킹 자세가 된다〈사진6〉.

<사진3>

<사진4>

<사진5>

<사진6>

<코킹확인방법>

목표방향이 9시라고 가정하고 코킹을 했을 때, 왼손등은 12시 방향 즉 정면을 보고 있어야 한다. 그러나 〈사진7〉 그리고 〈사진8〉과 같이 왼손목이 바깥쪽으로 너무 굽혀져 왼손등이 3시 방향에서 보인다면 잘못된 코킹이다. 이것은 오른손에 너무 힘이 들어가 오른손목이 지나치게 뒤로 젖혀지기 때문에 발생한다. 반대로, 〈사진9〉와 〈사진10〉과 같이 왼쪽 손목이 안쪽으로 꺾인 경우는 오른쪽 팔꿈치가 벌어지기 때문에 발생한다.

<사진7>

<사진8>

<사진9>

<사진10>

<잘못된 코킹>

또 다른 코킹 자가 진단법으로 얼라인먼트 스틱이나 다른 골프채를 함께 잡고 스윙을 하여 그립 끝부분이 어디를 향하고 있는지를 정확하게 확인하는 방법이 있다. 테이크어웨이 동작에서 클럽 샤프트가 목표 반대 방향을 향하면서 지면과 평행이 되었다면, 하프스윙에서는 클럽의 그립 끝부분이 볼의 목표선과 양발의 목표선의 중간지점보다 약간 앞쪽을 향하고 있어야 한다〈사진11,12〉. 만약 〈사진13〉과 같이 그립 끝부분이 볼의 목표선보다 양발의 목표선 안쪽을 향하고 있다면, 코킹이 너무 가파르게 세워진 것이다. 반대로, 〈사진14〉와 같이 그립 끝부분이 볼의 목표선 바깥쪽을 향하고 있다면, 코킹이 지나치게 눕혀진 것이다.

<사진11>

<사진12>

<사진13>

<사진14>

<얼라이먼트 스틱을 활용한 코킹 확인방법>

(2) 하프스윙

백스윙에서 클럽이 지면과 수평의 높이까지를 테이크어웨이 동작이라고 한다면, 왼팔이 지면과 평행한 높이를 이룬 상태를 하프스윙

(Halfway Back)이라고 한다. 하프스윙의 모양을 만들기 위하여 테이크 어웨이에서 자연스럽게 손목을 이용하여 헤드를 위로 들어주어 코킹(Cocking)을 한다. 하프스윙 동작은 코킹의 완성단계를 의미한다. 왼팔이 지면과 평행을 이루는 가슴 높이에 위치하였을 때, 왼팔과 클럽이 90도에 가까운 L 자 모양을 유지한다면 코킹이 올바르게 된 것이다〈사진2〉. 올바른 하프스윙을 만들기 위해선 코킹의 모양, 몸의 회전(어깨, 골반, 무릎), 그리고 스윙궤도를 함께 확인해야 한다.

<사진1> <사진2>

<올바른 하프스윙의 옆모습과 앞모습>

3) 몸의 회전(어깨, 골반, 무릎회전)

백스윙 시 몸의 회전은 팔-어깨-힙-무릎 순으로 움직인다. 먼저, 테이크어웨이 동작에서 왼팔을 따라 왼쪽 어깨가 오른쪽으로 회전을 시작한다. 하프스윙 동작에서는 왼쪽 어깨가 좀 더 오른쪽으로 움직이면서 턱의 아래쪽으로 움직인다. 이때 왼쪽 어깨의 움직임을 따라 몸통, 골반, 그리고 무릎이 회전을 시작하게 되고 자연스럽게 오른발 쪽으로 체중 이동이 된다. 이때 주의할 점은 올바른 어깨 회전이다. 아마추어들이 꼬임을 많이 주기 위해서 어깨의 회전과 하체의 회전을 동시에 하거나 하체를 상체보다 더 많은 회전을 주는데 이는 잘못된 동작이다. 몸을 많이 회전시키는 것도 중요하지만, 올바른 방향과 회전 순서대로 몸을 움직이는 것이 더욱 중요하다.

회전연습 자가진단 Tips

클럽이 없는 상태에서 어드레스 동작을 취한 후 가슴에 양손을 교차하여 얹은 다음 어깨가 턱의 밑 부분에 위치할 때까지 돌린 후 멈춘다. 이때 힙의 회전이 어깨 회전의 반 정도 회전하면 올바르게 된 것이다 〈사진1〉. 주의할 점은 〈사진2〉와 같이 어깨를 회전할 때 어깨를 지나치게 떨어뜨리면 안되고, 〈사진3〉과 같이 양쪽 팔꿈치가 벌어지거나 엉덩이가 좌우로 빠져서도 안된다.

<사진1>

<사진2>

<사진3>

<올바른 회전> **<잘못된 회전>**

손쉽게 할 수 있는 연습 방법으로는 우향우와 좌향좌를 들 수 있다. 먼저, 어드레스 동작을 취하고 가슴에 양손을 교차해서 얹는다. 그다음 백스윙을 할 때는 우향우로 다운스윙을 할 때는 좌향좌로 몸을 돌린다는 생각으로 회전시켜보면, 백스윙에서는 상체-〉하체, 다운스윙에서는 하체-〉상체 순으로 회전하는 몸의 움직임을 느낄 수 있다. 맨몸 연습 후 골프채를 양손을 교차한 상태에서 잡고 볼을 친다는 느낌으로 연습을 하면 더욱 효과적이다.

4) 탑오브스윙

탑오브스윙은 백스윙의 마지막 단계인 동시에 다운스윙의 시발점으로 최대의 에너지를 만들어내는 동작이다. 탑오브스윙에서 확인해야 할 것은 양팔의 위치와 모양 그리고 회전(어깨, 골반, 무릎)이다.

탑오브스윙에서 양팔의 위치와 모양은 〈사진1〉과 같다. 양쪽 팔꿈치는 수평 상태를 유지하고, 왼팔은 어깨선과 일직선이 되는 높이에 위치해야 한다. 왼손목은 어드레스 동작에서 잡았던 그립의 모양을 유지하고, 오른팔은 척추각과 평행하게 유지하는 것이 중요하다. 그리고, 클럽 샤프트는 지면과 수평이 되고 목표 방향과 평행이 되어야 한다.

탑오브스윙에서 어깨, 골반, 무릎의 회전은 〈사진2〉와 같다. 왼쪽 어깨는 턱의 아래쪽 부분에 위치하여 등이 목표 방향을 향할 정도로 회전해야 한다. 어깨의 회전각은 90도이며, 힙의 회전각은 45도가 이상적이다.

<사진1>

<사진2>

<탑 오브 스윙 모습>

탑오브스윙에서 왼팔을 과도하게 뻗지 않도록 주의해야 한다. 텔레비전이나 유튜브에서 프로골퍼들이 백스윙 시 왼팔을 뻗는 장면을 많이 본 아마추어 골퍼들은 이러한 자세를 무작정 모방하려는 경향이 있다. 탑오브스윙에서 프로골퍼들은 일부러 왼팔을 뻗은 게 아니다. 그들은 왼팔이 자연스럽게 펴진 어드레스 자세로 스윙을 시작하여 회전과 코킹을 하면서 자연스럽게 펴진 왼팔을 유지하는 것이다. 그러나, 아마추어 골퍼들은 이러한 과정은 생각하지 않고 탑오브스윙 단계에서 팔을 지나치게 뻗으려고만 한다. 이렇게 왼팔을 과하게 뻗으면 다음과 같은 문제점이 발생한다.

첫째, 어깨 회전이 제대로 되지 않는다. 탑오브스윙에서 과도하게 뻗어진 왼팔로 인해 광배근이 당겨지는 느낌을 받기 때문에 몸을 제대로 회전했다고 생각할 수 있다. 그러나, 이런 생각과는 반대로 어깨 회전이 제대로 되지 않는다.

둘째, 〈사진3〉과 같이 왼팔을 과도하게 뻗으면 왼팔 자체를 사용할 수 없게 된다. 왼팔이 과하게 펴진 탑오브스윙 동작은 몸의 회전을 막는다. 이는 다운스윙 시 왼쪽 몸이 빨리 열리게 만들면서 임팩트 시 왼쪽 팔꿈치를 접히게 만든다. '치킨 윙'이라 불리는 이 동작은 스윙 시 왼팔이 전혀 사용되지 않고 있다는 것을 보여준다. 이 '치킨 윙' 동작은 아웃인 스윙궤도를 그리게 만들어 볼이 깎여 맞는 슬라이스의 원인이 되거나 혹은 풀 스윙 시 악성 훅의 원인이 된다. 따라서, 왼팔은 몸의 회전과 코킹에 따라서 자연스럽게 펴야 한다.

<사진3>

<사진4>

<잘못된 탑 오브 스윙 모습>

자가진단 Tips

첫째, 왼팔을 과도하게 뻗지 않는 방안으로서 필자는 반대로 왼쪽 팔꿈치를 자연스럽게 구부린다는 느낌으로 스윙하라고 제안한다.

둘째, 몸의 회전을 올바르게 한다. 〈사진4〉와 같이 백스윙에서 너무 과도하게 어깨를 회전시키면 하체가 무너지거나 힙이 빠지면서 올바르게 체중 이동이 되지 않는다. 과도한 회전보다는 본인의 신체조건을 고려하여 올바르게 회전하는 것이 더 중요하다.

셋째, 하체는 상체의 회전을 받쳐주기 때문에, 백스윙 회전 시 구부러진 무릎이 계속 유지되어야 한다. 특히, 오른쪽 무릎은 백스윙 동작에서 축의 역할을 담당하기 때문에, 구부러진 무릎의 유지는 백스윙에서 매우 중요하다. 백스윙 시 오른쪽 무릎은 일부러 펴거나 너무 버

티지 않는 것이 좋은데, 상체 회전을 따라 오른쪽 하체가 회전하면 무릎은 자연스럽게 어드레스 자세보다는 뒤로 빠지게 된다. 따라서, 백스윙 시 무릎은 구부린 상태를 유지하되 원활하게 체중이 이동될 수 있게 유연하게 버티는 것이 좋다.

5) 전환과 다운스윙

백스윙이 몸의 꼬임을 최대치로 증가시켜 힘을 응축시키는 동작이라면, 다운스윙은 응축된 힘을 폭발시키는 동작이다. 이때 백스윙에서 다운스윙으로 바뀌는 과정을 전환(Transition)이라고 한다. 전환동작의 순서는 백스윙의 역순이다. "백스윙은 상체로 다운스윙은 하체로 리드해야 한다"는 격언이 있다. 이 격언은 백스윙은 왼팔과 클럽헤드를 따라 왼쪽 어깨 → 왼쪽 힙 → 왼쪽 무릎 순으로 회전하고, 다운스윙은 왼쪽 무릎과 발로 지면을 눌러 체중을 이동하는 전환동작을 시작으로 왼쪽 힙 → 왼쪽 어깨 → 팔 → 클럽헤드 순으로 회전한다는 의미이다. 이처럼 다운스윙의 시발점인 전환동작은 볼이 날아가는 방향과 구질을 결정하는 중요한 역할을 한다.

올바른 다운스윙

다운스윙은 꼬인 몸에 응축된 힘을 풀어내는 과정이다. 〈사진2〉와 같이 올바른 다운스윙은 왼쪽으로 무릎과 힙이 수평 이동하는 하체 동작과 동시에 양팔을 사용하여 클럽을 수직으로 내리는 동작으로 시작된다. 여기서 하체 동작은 왼쪽 무릎과 발로 지면을 눌러 생긴 지면

반발력을 이용한 중심이동, 즉 체중을 이동하는 움직임을 의미한다. 그다음 〈사진3〉과 같이 클럽이 힙의 높이에 내려왔을 때 몸을 따라 클럽을 회전시키면 된다〈사진4〉.

<사진1>

<사진2>

<사진3>

<사진4>

<올바른 전환동작과 순서>

잘못된 다운스윙 유형과 원인

아마추어 골퍼들은 다운스윙 동작에서 하체 리드가 아닌 상체 리드 즉, 어깨의 리드로 다운스윙을 시작한다. 어깨 리드의 다운스윙은 크게 두 가지 유형으로 나뉜다.

첫 번째 유형은 〈사진5〉와 〈사진6〉과 같이 일명 "엎어치기 동작"이다. 오른손과 어깨에 힘이 많이 들어가면서 백스윙 동작에서 뒤로 빠져있는 오른쪽 어깨가 제일 먼저 볼 쪽으로 나오는 상체 리드의 잘못된 다운스윙이며, 아웃-인 궤도로 스윙하게 만들어 악성 슬라이스 또는 훅이 발생한다.

<사진5>

<사진6>

<잘못된 전환동작>

두 번째 유형은 엎어치는 동작을 의식하여 오른쪽 어깨가 팔을 따라 앞으로 나오지 못하고 회전을 멈춘 고정된 상태에서 팔로만 치는 상체 리드의 잘못된 다운스윙이다. 이 스윙은 상체의 무게가 오른발 위에 실린 채 팔로만 클럽을 내려 볼을 퍼 올리는 스윙이 되거나〈사진7〉, 또는 배가 앞으로 내밀어져 어드레스 때의 척추 각이 유지되지 못하고 펴지는 일명 "배치기" 자세의 스윙이 된다〈사진8〉.

<사진7> <사진8>

<잘못된 전환동작>

지나치게 상체가 리드하는 잘못된 다운스윙의 원인은 볼을 때리려는 힘이 너무 강하기 때문이다. 프로골퍼들은 다운스윙에서 먼저 전환동작인 하체의 체중이동을 먼저 시작한다. 반면에, 대부분의 아마추어 골퍼들은 다운스윙에서 하체의 전환동작을 생략하고 성급하게 팔로 볼을 때리려 성급하게 덤비는 경향이 있다. 그 결과 체중이동이 안된 상태로 볼을 임팩트하기 위해 "캐스팅"을 하게 된다〈사진9,10〉.

캐스팅이란 다운스윙에서 손목이 빨리 풀려버리는 현상을 말한다. 손목이 빨리 풀리게 되면, 어드레스 자세보다 양손이 뒤에서 볼을 임팩트하게 된다. 이러한 캐스팅은 소위 뒷땅과 탑핑을 만들기 때문에 샷의 거리와 방향에 문제가 발생하게 된다.

뒷땅이나 탑핑의 문제를 해결할 방법은 바로 핸드포워드다. 핸드포워드란 샷을 할 때 임팩트 순간에 양손이 클럽헤드보다 약간 앞선 상태로 볼을 타격하는 동작을 말한다. 핸드포워드를 하는 이유는 더욱 강한 임팩트를 만들 수 있기 때문이다. 임팩트 동작에서의 핸드포워드는 어드레스 때보다 양손이 더욱 왼쪽으로 나아가서 볼을 타격하게 된다. 이러한 현상이 발생하는 이유는 임팩트 시 어드레스 자세보다 체중이동과 골반의 회전이 더욱 강하게 발생하기 때문이다.

<사진9>

<사진10>

<손목이 풀리는 캐스팅 동작>

따라서, 상체가 리드하는 다운스윙 자세를 교정하기 위해서는 볼을 급하게 때리려는 생각을 버려야 한다. 여유를 가지고 자연스럽게 스윙의 리듬과 템포에 맞춰 볼을 타격하는 연습을 해야 한다. 골프스윙에서 리듬과 템포는 매우 중요하다. 리듬이란 스윙 시 몸과 팔 그리고 클럽이 만들어내는 규칙적이고 반복적인 움직임이며, 템포는 백스윙에서 임팩트까지 골프클럽이 만들어내는 스윙의 스피드를 의미한다.

자신만의 리듬과 템포를 가진 스윙을 하기 위해선 꾸준한 연습이 필요하다. 이를 위해 골프클럽 또는 수건을 활용한 연습방법을 추천한다. 먼저 골프클럽을 가지고 연습하는 경우, 거꾸로 헤드쪽의 샤프트를 잡고 실제 볼을 치는 것처럼 스윙을 연습한다. 이 연습의 핵심은 스윙 시 샤프트에서 나오는 바람 소리가 볼의 앞쪽에서 만들어지도록 스윙해야 한다는 것이다. 다음으로 수건을 가지고 연습하는 경우, 수건의 끝부분을 가볍게 묶어 무게추를 만들고 스윙을 하여 묶인 부분이 왼쪽에서 풀리도록 연습한다. 이 두 가지 연습방법들은 모두 왼손과 오른손 따로 연습해야 하고, 양손으로 연습할 때는 반드시 어드레스 자세에서 양손이 핸드포워드 위치에 놓였는지 확인한 후 스윙 연습을 해야 한다.

6) 임팩트

다운스윙에서 클럽으로 볼을 타격하는 순간을 임팩트라고 한다. 임팩트 단계에서 클럽페이스의 어느 부분에 볼이 맞는가에 따라 거리와 방향이 좌우된다. 클럽페이스 가운데 부분인 스윗스폿(클럽헤드 페이스의 가운데 부분)으로 볼이 임팩트되는 것이 중요하다.

백스윙에서 다운스윙으로 전환되는 동작에서 하체를 이용한 중심 이동이 제대로 되었다면, 임팩트 자세는 어드레스 자세와 거의 비슷하다. 올바른 골프스윙은 백스윙에서 팔과 상체를 따라서 하체가 회전하고, 다운스윙에서 체중이동을 위해 하체의 이동이 먼저 시작된 후 하체를 따라 상체와 팔 그리고 클럽 순으로 몸이 움직이게 된다. 이처럼 하체가 리드하는 올바른 다운스윙이 완성되면, 임팩트 시 어드레스 자세보다 몸이 왼쪽으로 좀 더 회전하여 중심이 왼쪽으로 옮겨져 있어야 한다. 예를 들면, 어드레스 동작에서 벨트의 버클이 12시를 향하고 있다고 가정했을 때, 임팩트 동작에서는 버클이 11시 방향을 바라보고 있어야 한다. 또한, 상체의 왼쪽 어깨도 어드레스 자세보다 약간 왼쪽으로 열려있어야 한다〈사진1〉.

<사진1>

<올바른 임팩트 자세>

그러나, 아마추어들은 임팩트 동작에서 상체가 열리게 되면 슬라이스가 발생한다고 생각한다. 이런 생각 때문에 상체를 고정한 상태에서 하체와 팔 동작으로만 스윙하는 경향이 있다. 이렇게 되면 상체는 고정되어 있고 반대로 하체는 회전하려 움직이기 때문에, 오른쪽 어깨가 지나치게 떨어지게 되는 "역 피벗" 현상이 발생한다. 올바른 다운스윙 동작은 하체 다음으로 상체가 회전하는 것이지 상체를 고정하는 것은 아니다.

강력한 임팩트를 만드는 Tips

첫째, 왼팔은 임팩트 시 왼쪽 겨드랑이 부분과 붙어있는 상태를 유지하면서 자연스럽게 펴야 한다. 왼팔이 겨드랑이 부분과 붙어있는 상태로 펴져 있어야 몸과 팔의 일체감이 형성되고, 하나가 된 몸과 팔로부터 생성된 힘을 바탕으로 더욱 강력한 임팩트를 줄 수 있게 된다.

둘째, 양손은 임팩트 시 어드레스 자세의 위치보다 더 왼쪽으로 이동하여 핸드포워드 포지션이 되어야 한다. 이는 앞에서 설명한 바와 같이, 다운스윙 시 중심이 왼쪽으로 이동하면서 몸을 따라 양손이 자연스럽게 목표방향인 왼쪽으로 움직인 포지션이다. 양손이 이 포지션에 놓일 때 강력한 임팩트를 줄 수 있다.

마지막으로, 손목의 경우 임팩트 시 왼손목은 어드레스의 손목 각도보다 좀 더 펴야 하고, 오른손목은 어드레스 각도보다 좀 더 구부린 상태로 왼쪽 방향을 바라보아야 한다.

이상과 같이 팔, 양손, 그리고 손목을 움직여야 자연스러운 핸드포워드 포지션에서 정확한 임팩트가 이루어지며, 이른바 "찍어친다"는 다운블로 형식의 강력한 임팩트가 만들어질 수 있다.

잘못된 임팩트 동작

잘못된 임팩트 동작은 아래의 사진과 같이 다양하다. 〈사진2〉는 하체의 리드없이 상체가 리드하여 오른어깨에 힘이 많이 들어가 백스윙 동작에서 뒤로 빠져있는 오른어깨가 제일 먼저 볼 쪽으로 나온 "엎어치기" 다운스윙을 한 결과 발생한 임팩트 동작이다.

〈사진3〉은 오른어깨가 팔을 따라 앞으로 나오지 못하고 회전을 멈춘 고정된 상태에서 팔로만 다운스윙을 한 결과 발생한 "배치기"동작의 임팩트 동작이다.

〈사진4〉는 임팩트에서 팔과 손목의 위치와 모양이 반대로 되는 경우로, 즉 왼팔은 구부러지고 왼손목이 왼쪽으로 꺾여 있으며, 오른팔과 오른손목이 펴진 잘못된 자세다. 이 자세에서는 양손의 위치가 어드레스 때보다 오른쪽에 위치한 상태에서 임팩트가 발생한다. 그 결과 아이언의 경우 다운블로로 볼을 칠 수가 없게 되면서 뒷땅이나 탑핑 현상이 발생한다.

따라서, 전환동작〈사진1-4〉에서 설명한 바와 같이 왼쪽 무릎과 발로 지면을 누르는 체중이동 동작을 시작으로 왼쪽 힙 → 어깨(몸통) → 팔 → 클럽헤드 순으로 움직여야 보다 정확하고 강력한 임팩트를 만들 수 있다.

<사진2>

<사진3>

<사진4>

<잘못된 임팩트 자세>

7) 머리위치와 시선

머리위치

“헤드업 하지 마라”, “볼을 끝까지 봐라”, “볼 나가는 것을 보지 말고 임팩트 후에도 볼이 있던 자리를 보고 있어라” 등 머리와 시선에 관한 많은 조언이 있다. 이는 머리 위치와 시선의 중요성을 강조한 조언들이다.

먼저, "머리를 고정시킨다"는 의미를 알아보자. 머리를 고정시키라는 것은 머리를 잡아두는 것이 아니라 위치를 고정하라는 의미이다. 제자리에 정지한 볼을 보다 정확하고 일관성 있게 타격하는 운동인 골프는 고정된 축을 중심으로 몸을 돌리는 제자리 회전 운동이다. 중심축이 상하좌우로 크게 움직이게 되면, 정확한 임팩트를 줄 수가 없어 거리와 방향성에서 일관성이 떨어진다. 제자리 회전운동에서 머리와 척추를 중심축이라고 한다고 하면 양쪽 어깨는 회전체가 된다. 중심축을 두고 몸을 회전할 때, 몸을 따라 머리가 자연스럽게 돌아가야만 몸에 힘이 빠지면서 자연스럽게 회전이 된다.

그러나, 일부 골퍼들은 머리를 너무 고정하려는 마음이 앞서다 보니 몸에 힘이 많이 들어가 회전을 제대로 할 수 없게 된다. 또한, 혹자는 임팩트와 팔로우스루(다음장에서 논의) 동작에서도 "머리를 고정하고 헤드업 하지 말라"는 조언을 철저히 지키기 위해 머리를 최대한 움직이지 않으려고 노력한다. 하지만 머리를 너무 고정하면, 팔과 몸이 경직되어 유연성이 떨어지게 된다. 이로 인해 몸이 제대로 회전할 수 없게 되고, 그 결과 다운스윙에서 힘을 제대로 쓸 수 없게 된다.

머리는 회전의 중심축 위에 고정한 상태에서 몸의 회전 방향에 따라 자연스럽게 돌아가도록 두는 것이 좋다.

시선

시선을 어디에 어떻게 두는가에 따라서 몸의 회전이 달라진다. 예를 들면, 몸의 회전 방향과 반대 방향으로 시선을 바라본다고 가정해 보자. 백스윙 시 머리를 고정한 상태에서 시선을 백스윙의 반대 방향인 목표방향을 바라보면, 몸은 제대로 회전할 수 없게 된다. 또한, 임팩트와 팔로우스루 동작에서 볼이 놓여있는 곳에 시선을 고정하고 있다면, 백스윙과 마찬가지로 몸은 제대로 회전할 수 없게 된다. 이처럼 시선 처리는 몸의 회전과 스윙에 큰 영향을 미친다.

시선 처리 문제는 주로 드라이버 스윙을 할 때 가장 많이 발생한다.

미들아이언의 경우 볼의 위치가 가운데에 있고 시선도 동일하게 볼을 바라보기 때문에, 드라이버보다는 백스윙 회전이 쉽게 잘되는 느낌을 받는다. 반면에, 드라이버는 볼의 위치가 왼쪽에 위치한다. 왼쪽에 위치한 볼에 시선을 고정한 채로 끝까지 백스윙하면, 머리가 떨어지면서 왼쪽 어깨를 누르게 되고 동시에 턱이 오른쪽으로 함께 돌면서 역피벗 현상이 발생한다.

드라이버의 적절한 시선 처리 방법으로 너무 볼을 의식하지 말고 가급적 볼과 백스윙 방향을 함께 고려하여 바라보는 것이 좋다. 필자는 어드레스에서 볼을 주시할 때 왼쪽 눈으로 본다는 느낌으로 볼 뒤 약 30cm 뒤쪽을 바라보는 시선 처리 방법을 추천한다.

8) 팔로우스루

팔로우스루란 임팩트 동작 이후 클럽이 궤도를 그리면서 몸의 뒤쪽으로 원심력에 의해 움직이는 구간을 말한다. 팔로우스루는 풀스윙에 관한 거의 모든 정보를 담은 구간으로 자신의 스윙이 올바르게 이루어졌는지 알고 싶다면 반드시 확인해봐야 하는 스윙 구간이다. 팔로우스루 동작은 스윙에 있어서 비거리 증가, 볼의 방향성과 구질을 좌우하기 때문에 매우 중요하다.

하지만, 일부 골퍼들은 임팩트 동작에서 모든 스윙이 끝난 것으로 착각하거나 또는 단순히 프로들의 팔이 뻗어지는 멋진 동작을 모방하기 위하여 팔을 곧게 펴는 연습만 한다.

올바른 팔로우스루 동작을 만들기 위한 최고의 방법은 스윙의 전 단계들이 올바르게 이행되었는지를 먼저 확인하는 것이다. 다운스윙의 클럽헤드의 스피드는 최소 150km 이상 넘기 때문에, 클럽헤드는 임팩트 구간과 팔로우스루 구간을 순식간에 지나 피니쉬 구간으로 넘어간다. 다운스윙이 시작되면 몸의 회전에 따라 저절로 이루어지는 동작이 팔로우스루이기 때문에 팔로우스루 동작을 동시에 점검하는 것은 불가능하다.

프로 골퍼들은 올바른 팔로우스루 동작을 따로 연습하기보다는 올바른 스윙을 위해 그립과 어드레스, 에이밍과 얼라인먼트, 밸런스 등을 함께 연습한다. 또한, 프로들은 스윙 스타일이 조금씩 달라 팔로우스루 동작을 하나의 통일된 형태로 만들기보다는 자신의 스윙 스타일에 맞는 팔로우스루 동작을 모색한다.

아마추어 골퍼들 대부분이 팔로우스루 동작에서 왼쪽 팔꿈치가 바깥쪽으로 구부러지는 일명 '치킨 윙'이라 불리는 동작〈사진1〉을 구사하고 있거나 경험해 본 적이 있을 것이다. 볼의 구질 관점에서 바라볼 때, '치킨윙'은 슬라이스 구질 또는 당기는 샷을 유발하는 잘못된 자세다.

<사진1>

<사진2>

<잘못된 팔로우 스루>

치킨윙의 원인은 크게 두 가지로 분류된다. 첫 번째 원인은 볼을 때리겠다는 생각이 강하여 오른쪽 어깨가 앞으로 나오는 일명 '엎어치기' 다운스윙이다. 엎어치기는 왼쪽 몸이 일찍 열리게 되어 아웃인 스윙궤도를 만들고, 그 결과 왼팔이 로테이션이 되지 않고 몸 뒤로 빠지면서 치킨윙이 발생한다.

두 번째 원인은 잘못된 모방이다. 프로 골퍼들의 팔로우스루 동작을 모방하고자 〈사진2〉와 같이 양팔을 완전히 뻗은 상태에서 의식적으로 왼팔을 교차시키고 손목과 팔에 스냅을 주며 회전시키기 때문에 치킨윙이 발생한다.

<사진3>

<사진4>

<올바른 팔로우스루 앞·옆모습>

올바른 팔로우스루 동작은 다음과 같다. 다운스윙에서 임팩트까지 왼손 코킹을 유지하기 위해 양손이 클럽헤드보다 먼저 목표 방향으로 나아간다(핸드퍼스트). 임팩트 이후에 양손을 따라 클럽헤드가 목표 방향으로 움직이면서 왼팔과 오른팔이 로테이션 된다〈사진3,4〉. 이 부분을 지도자들은 성향에 따라 다양한 방법으로 지도하기 때문에, 아마추어 골퍼들은 정확한 팔로우스루 개념과 동작을 이해하기 어려울 수 있다.

손목 동작

팔로우스루는 일부러 만드는 동작이 아니다. 임팩트 후 클럽헤드가 목표방향으로 자연스럽게 나아가는 올바른 팔로우스루 동작을 습득하길 원하는 골퍼들은 절대로 손목을 사용하지 않아야 한다. 팔로우스루는 손목을 회전시키는 것이 아니라 왼팔의 팔뚝이라고 불리는 전

완근이 회전하는 것이다.

이 메커니즘을 이해하지 못한 많은 아마추어 골퍼들은 클럽헤드의 스피드를 증가시키기 위해 손목을 의도적으로 돌리는 잘못된 팔로우스루 동작을 연습하게 된다. 팔로우스루에서 손목을 사용하면, 몸과 팔 그리고 클럽헤드의 일체감이 떨어져 볼의 방향과 거리에서 일관성이 떨어지게 된다. 또한, 몸도 제대로 회전하지 못하게 된다.

긴 싸리빗자루로 바닥을 쓸어보면 팔로우스루 동작의 손목 움직임을 더 쉽게 이해할 수 있다. 싸리빗자루 막대 끝부분을 베이스볼 그립으로 잡고 이물질 뒤에 빗자루 하단의 싸리부분을 놓은 후 바닥을 쓸어 이물질을 멀리 보내보자. 손목은 돌아가지 않으면서 빗자루 하단의 싸리 부분이 지나가는 것을 볼 수 있을 것이다. 또한, 오른쪽 어깨와 하체가 왼쪽으로 빗자루를 따라 자연스럽게 움직이는 것을 느낄 수 있을 것이다.

왼팔 동작

팔로우스루 구간에서 왼팔의 움직임에 대한 전문가의 의견은 "구부려야 한다"와 "펴야 한다"로 나뉜다. 필자는 팔로우스루의 왼팔의 동작을 이분법적으로 선택할 문제로 생각하지 않고, 골퍼의 신체구조와 스윙에 따라 만들어지는 결과이자 스타일이라고 생각한다. 팔로우스루 동작의 핵심은 몸과 일체감 있게 움직이는 것이다. 필자는 양팔과 몸이 일체감 있게 움직이기 위해 겨드랑이 부분을 붙여서 스윙과 팔로우스루를 하라고 강조하고 싶다.

팔로우스루 자가 훈련법

팔로우스루 자가 훈련법으로는 양쪽 겨드랑이에 수건을 끼고 스윙을 연습하거나, 보조 교구인 볼을 양팔에 끼고 스윙을 연습하는 방법이 있다. 어느 훈련법을 활용하든 겨드랑이 부분을 붙이고 스윙을 해 보면, 임팩트 이후 목표방향으로 오른쪽 몸이 얼마나 회전하는가에 따라 왼팔이 자연스럽게 펴지는 정도가 결정된다는 것을 알 수 있다.

9) 피니쉬

스윙의 마지막 자세인 피니쉬는 골프스윙에서 가장 멋진 동작이다. TV 드라마에서 나오는 골프 치는 장면을 보면, 항상 주인공은 프로처럼 멋지게 피니쉬 자세를 취하며 날아가는 볼을 바라보는 흉내를 낸다. 골퍼들은 대개 이런 모습을 연상하며 멋진 피니쉬 동작을 취하고 싶어 한다.

<사진1>

<사진2>

<올바른 피니쉬 앞·옆모습>

피니쉬 자세는 스윙 전체의 균형을 맞추는 마무리 동작이다. 멋진 피니쉬 자세가 완성되려면, 스윙궤도와 밸런스 등 모든 동작이 올바른 자세로 이행되어야만 한다. 골프 중계를 볼 때 프로들은 종종 볼이 떨어질 때까지 피니쉬 자세를 유지하고 있는데, 이 자세는 균형이 제대로 잡혔을 때 나올 수 있다.

올바른 피니쉬 동작을 살펴보자. 상체 동작은 척추각이 어드레스 각도를 유지한 채 오른쪽 어깨가 턱을 지나 왼발로 이동하여 가슴이 목표방향을 향해야 한다. 또한, 왼팔뚝이 지면과 90도를 이루면서 클럽 샤프트가 목덜미 부분에 자연스럽게 밀착되어야 한다〈사진1〉. 하체 동작은 왼발에 체중의 95% 이상 싣고 왼무릎을 자연스럽게 펴 직선으로 고정해야 한다. 이때 오른무릎은 왼무릎에 자연스럽게 붙이고, 오른발은 90도 정도로 돌려 뒷꿈치의 스파이크 밑면이 다 보일 정도로 들고 앞꿈치로 균형을 잡아야 한다〈사진2〉.

<사진3>

<사진4>

<사진5>

<사진6>

<잘못된 피니쉬 동작>

잘못된 피니쉬 동작과 원인을 간단하게 설명해보면, 〈사진3〉과 같이 오른쪽 무릎과 발이 앞으로 나와 있는 피니쉬는 다운스윙에서 일명 '배치기'라고 하는 동작 때문에 만들어진 자세이다. 그리고, 〈사진4〉와 같이 몸의 회전이 덜 되어있는 피니쉬는 팔로만 치는 스윙 때문에 만들어진 자세이다. 또한, 〈사진5〉와 같이 오른쪽 어깨가 들리는 피니쉬는 다운스윙에서 오른팔이 너무 일찍 펴지는 캐스팅 동작 때문에 만들어진 자세이다. 마지막으로, 〈사진6〉과 같이 양쪽 무릎이 벌어지고 오른발이 꺾여 있는 피니쉬는 일명 "엎어치는" 스윙 때문에 만들어진 자세이다.

이처럼, 피니쉬 자세를 보면 스윙을 알 수 있는데, 그 이유는 스윙은 하나로 연결되어 있기 때문이다. 그립부터 어드레스 그리고 백스윙과 다운스윙 모두 올바르게 이행할 때 올바르고 멋진 피니쉬 자세를 잡을 수 있다.

GAP 스윙 | 03

드라이버

03

드라이버

골프레슨에서 초보자들은 주로 7번과 같은 미들아이언으로 먼저 기초 스윙을 배운 후, 7번 아이언 스윙을 기준으로 길거나 혹은 짧은 클럽들의 스윙을 배우게 된다. 일반적으로 초보자들은 7번 아이언보다 그립의 길이가 하나 정도 더 긴 드라이버를 매우 어렵게 느낀다. 드라이버는 14개의 클럽 중 가장 긴 클럽으로 주로 긴 비거리를 내기 위해 사용된다. 이번 장에서는 올바른 드라이버 자세와 동작을 살펴본다.

1. 기본자세

볼의 위치

볼의 위치는 볼의 방향과 구질, 그리고 탄도를 결정하는 중요한 역할을 한다. 〈사진1〉과 같이 미들아이언의 볼 위치인 가운데를 기준으로, 짧은 클럽들(숏아이언)은 볼 위치가 오른쪽으로 이동하게 되고, 반대로 긴 클럽들(롱아이언, 유틸리티, 우드, 드라이버)은 왼쪽으로 이동하게 된다. 드라이버는 가장 긴 클럽이기 때문에 볼이 제일 왼쪽에 놓게 되는데, 정확한 위치는 왼발 뒷꿈치 안쪽이다.

<사진1>

클럽별 볼의 위치

어떤 클럽이든 볼의 위치는 몸 안쪽(발 안쪽)에 있어야 한다. 그러나, 간혹 슬라이스 구질을 많은 치는 골퍼들이 볼을 왼발 바깥쪽보다 더 왼쪽으로 놓고 드라이버를 치기도 한다. 이들에게 볼을 바깥에 놓고 치는 이유를 물어보면, 볼을 바깥쪽에 두고 치면 슬라이스가 덜 나기 때문이라고 주장한다.

이들의 주장이 타당한지 골프의 원리를 중심으로 살펴보자. 슬라이스가 발생하는 원인 중의 하나는 헤드 페이스가 열리고 닫히는 타이밍 문제와 이른바 엎어치는 스윙 동작 때문이다. 7번 아이언으로 어드레스를 취할 때, 어드레스의 모양은 왼쪽 정렬이기 때문에 몸이 오른쪽으로 기울어지게 되어 왼쪽 어깨가 오른쪽 어깨보다 살짝 높게 된다. 드라이버의 경우는 볼의 위치가 7번 아이언보다 더 왼쪽으로 이동하기 때문에, 7번 아이언의 어드레스 자세보다 몸은 조금 더 오른쪽으로 기울어지게 된다. 만일, 몸을 벗어나 왼발 바깥쪽에 볼을 놓게 되면 오른쪽으로 더욱 기울여야 스윙을 할 수 있는데, 이때 몸을 지나치게 기울이다 보면 척추에 무리가 가서 제대로 회전을 할 수 없게 된다. 그 결과 몸이 볼 쪽으로 엎어지는 스윙을 하게 된다. 이런 자세로 스윙을 하게 되면 볼은 슬라이스가 나지 않을 수 있으나 큰 비거리를 낼 수는 없다.

골프는 비거리와 방향을 동시에 해결해야 하는 운동이다. 비거리가 너무 짧거나 악성 슬라이스나 훅이 주로 나는 골퍼들은 스윙의 원리를 이해하고 기본자세를 성실히 연마해야 이러한 문제를 해결할 수 있다.

스탠스

스탠스는 스윙의 밸런스, 체중이동, 파워, 볼의 방향에 중요한 역할을 한다. 7번 아이언의 스탠스인 어깨넓이를 기준으로, 드라이버의 스탠스는 어깨넓이보다 발 한 폭 정도 더 넓게 선다.

몸과 볼의 간격

미들아이언과 동일하게 상체를 숙여 드라이버의 어드레스 자세를 취하면, 몸과 볼의 간격은 미들아이언의 간격보다 주먹 한 개 반 정도 멀어진다. 미들아이언보다 더 뒤로 물러서서 드라이버 어드레스 자세를 취하는 과정에서 어드레스 자세가 달라지는 문제가 발생한다. 상체를 좀 더 숙이거나 반대로 상체를 세우고 무릎을 더 많이 구부리게 되면 몸과 볼의 거리가 맞지 않게 된다.

〈사진4〉와 같이 어드레스 자세에서 상체와 하체가 동시에 서 있거나 〈사진5〉와 같이 상체만 서 있게 되면, 몸이 올바른 방향으로 회전이 되지 않아 스윙궤도에 문제가 생긴다. 그 결과 볼의 방향과 거리에서 일관성이 떨어지게 된다. 〈사진6〉와 같이 지나치게 숙이게 되면, 헤드의 토우 부분이 들리게 되고 스윙궤도가 너무 가파르게 된다. 이로 인해 뒷땅이나 악성 훅이 발생하게 된다.

<사진2>

<사진3>

<올바른 어드레스 앞·옆모습>

<사진4> <사진5> <사진6>

<잘못된 어드레스>

체중의 비율과 어깨

미들아이언의 어드레스 자세에서 양발의 체중 비율은 5:5가 된다. 드라이버는 미들아이언에 비해 샤프트의 길이가 길고 볼의 위치도 왼쪽으로 이동하게 되고, 스탠스의 넓이도 발 한폭 정도 더 넓어지게 된다. 따라서, 드라이버의 어드레스 자세는 미들아이언보다 상체가 조금 더 오른쪽으로 기울어지면서 오른쪽 어깨도 미들아이언의 어드레스 자세보다 조금 더 내려가게 된다. 오른쪽 어깨가 더 내려가기 때문에, 왼발과 오른발의 체중 비율은 4:6이 된다.

드라이버 타법 '어퍼블로(상향타격)'

미들아이언은 다운블로, 즉 찍어치는 타법으로 볼을 타격해야 한다. 반면에, 드라이버는 어퍼블로(상향타격), 즉 헤드가 최하점을 지나 올라가면서 볼을 치는 타법으로 볼을 타격해야 한다. 이러한 드라이버의 타법 때문에, 모든 클럽 중 드라이버의 어드레스 셋업에 가장 많은 신경을 써야 한다. 드라이버는 볼이 왼쪽에 위치하기 때문에, 어드레스 셋업 시 시선과 머리가 자연스럽게 왼쪽으로 따라가게 된다. 이렇게 처음부터 잘못된 어드레스 자세를 서게 되면, 오른쪽 어깨가 내려가지 않고 오히려 올라가게 된다. 또한, 오른팔이 펴지면서 오른쪽 어깨가 앞으로 나오게 된다. 이런 어드레스 자세로 스윙을 하면 슬라이스 또는 훅이 많이 발생하게 된다. 따라서, 드라이버 스윙 시 올바른 체중이동, 방향성 향상, 그리고 비거리 증가를 원하는 골퍼라면 반드시 어드레스 자세부터 신경을 써야 한다.

드라이버 어드레스 셋업 연습방법

다음과 같은 순서에 따라 어드레스 셋업을 연습하는 것이 좋다. 먼저, 오른손으로 클럽을 잡고 클럽헤드를 목표방향에 수직으로 볼 뒤에 놓는다. 다음으로, 몸과 볼 사이의 거리를 맞춘 후 목표선에 평행하게 양발, 힙, 어깨를 정렬한다. 마지막으로, 상체의 척추각과 어깨를 정렬하여 양손으로 그립을 잡은 후 스탠스를 벌린다. 이런 순서에 따라 어드레스 셋업을 연습하면, 볼과의 간격을 일정하게 유지할 수 있으며 목표방향에 조금 더 정확하게 클럽과 몸을 정렬시킬 수 있다.

초보자는 레슨을 받는 지도자에게 또는 함께 연습하는 지인에게 어드레스 셋업이 올바르게 되었는지 물어보고 확인하는 습관을 들이는 것이 좋다. 또한, 골프화 맨 앞부분에 동전을 놓고 드라이버 스윙을 연습하면, 연습장의 고무티 위에 놓인 볼과 몸 사이의 일정한 거리감을 익히는 데 도움이 된다.

2. 스윙궤도

드라이버 스윙과 관련하여 골퍼들이 가장 많이 하는 질문 중 하나는 바로 "아이언과 다르게 스윙해야 하는가?" 일 것이다. 결론부터 말하자면, 드라이버의 스윙궤도는 미들아이언보다 플랫한 스윙궤도를 그려야 한다는 것이다. 드라이버는 어드레스 자세부터 아이언과 사뭇 다르고 클럽의 길이 또한 상대적으로 길다. 클럽의 길이가 짧은 미들아이언의 경우, 클럽의 몸통인 샤프트가 가파르게 세워져 있어 업라이트한 스윙이 된다. 반면에, 드라이버는 미들아이언보다 샤프트가 누워 있어 상대적으로 플랫한 스윙이 된다. 이러한 차이점을 염두에 두고 드라이버 어드레스를 제대로 섰다면, 다른 클럽과 마찬가지로 동일하게 스윙하면 된다.

<사진1>

<사진2>

<드라이버 스윙궤도와 아이언 스윙궤도>

3. 드라이버 스윙궤도와 슬라이스

드라이버 스윙 시 빈번히 발생하는 문제는 바로 슬라이스 구질일 것이다. 드라이버의 스윙에서 슬라이스가 발생하는 근본적인 원인은 바로 스윙궤도에 있다. 드라이버는 흔히 깎아치는 스윙 즉, 아웃인 궤도로 클럽이 움직이기 때문에 슬라이스가 발생한다. 클럽이 아웃인 궤도로 움직이는 원인은 다음과 같다.

첫 번째 원인은 볼을 바라보는 시선과 몸 회전이다. 슬라이스가 발생하는 드라이버와 우드 같은 긴 클럽의 스윙을 살펴보면, 대부분 몸을 완전히 회전하지 않은 상태에서 팔로만 스윙을 한다. 그 결과 〈사진3〉과 같이 팔은 탑오브스윙 위치에 있는데, 몸은 회전하지 못하고 거의 어드레스 자세에 멈추어 있게 된다.

이 자세가 나오는 이유는 탑오브스윙 포지션에서 양팔과 왼쪽 광배근이 당겨지는 느낌을 받아 몸 회전이 완전하게 이루어졌다고 착각하기 때문이다. 이러한 착각과 불완전한 회전은 어드레스와 스윙에서 형성된 잘못된 시선 처리에서 기인한다.

골퍼들은 드라이버 스윙 시 볼을 끝까지 보고 있어야 한다는 생각에서 몸 왼쪽에 있는 볼을 두 눈으로 집중하여 쳐다보게 된다. 두 눈을 고정한 채로 팔과 몸을 회전하면 머리와 몸은 서로 반대 방향으로 움직이게 된다. 이는 몸의 회전을 막아 〈사진3〉과 같은 탑오브스윙 자세를 만든다. 이뿐만 아니라, 그 상태에서 억지로 몸을 더 돌리게 되면, 머리는 왼쪽으로 떨어지면서 턱이 눌리는 역피벗 현상이 일어나게 된다〈사진4〉. 그 결과 다운스윙 포지션에서 아웃인 스윙궤도로 엎어치게 되어 슬라이스 구질이 발생하게 된다.

시선 처리 때문에 발생하는 문제를 해결할 방법으로, 필자는 어드레스에서 볼을 주시할 때 왼쪽 눈으로 본다는 느낌으로 볼 뒤 약 30cm 뒤쪽을 바라보는 시선 처리 방법을 추천한다. 이 방법으로 시선 처리를 하여 스윙하면 위에서 언급된 문제들이 자연스럽게 해결되면서 회전과 스윙이 잘 될 것이다.

<사진3>

<사진4>

두 번째 원인은 다운스윙 자세에서 상 · 하체의 움직임이다. 드라이버 스윙 시 어깨와 골반의 움직임을 살펴보면, 백스윙은 왼쪽 어깨가 턱 밑부분 또는 내 몸의 가운데까지 회전해야 한다. 몸의 회전이 이 부분까지 제대로 되지 않았다면, 어깨가 왼발 앞에 위치하게 된다. 이 상

태에서 다운스윙하면, 왼쪽 어깨가 뒤로 빠지면서 스윙아크가 작고 가파른 아웃인 스윙궤도를 그리게 된다.

골퍼들은 종종 왼쪽 어깨가 뒤로 빠지는 것과 열리는 것을 구분하지 못하고 무조건 왼쪽 어깨가 열려서 슬라이스가 발생한다고 착각한다. 또한, 이렇게 발생한 문제를 해결하기 위하여 때로는 어깨를 잡아두고 드라이버를 스윙하기도 한다. 어깨가 뒤로 빠지거나 열리는 것은 체중 이동 그리고 골반의 움직임과 밀접한 연관성이 있다. 드라이버 스윙에서 올바른 임팩트 동작은 체중이 왼발에 70-80% 실려 있고, 어깨가 어드레스 자세보다 왼쪽으로 열려있어야 한다. 그러나, 만일 체중이 왼발이 아닌 오른발, 특히 오른발 앞쪽으로 더 많이 실려 있으면, 왼쪽 어깨가 열리지 않고 뒤로 빠지게 된다.

<사진5>

<사진6>

세 번째 원인은 머리의 움직임이다. 〈사진5〉와 〈사진6〉과 같이 다운스윙에서 머리가 목표방향 쪽으로 움직이면, 아웃인 스윙궤도가 만들어져 슬라이스가 발생한다. 드라이버 셋업 포지션에서 볼이 왼쪽에 위치하기 때문에, 볼을 보기 위해 머리를 왼쪽으로 의도적으로 움직이게 된다. 올바른 어드레스 자세보다 머리가 왼쪽으로 움직이게 되면, 우측으로 기울어진 중심축과 회전체가 어드레스와는 반대 방향인 좌측으로 기울어지게 된다. 이 자세로 스윙을 하게 되면, 엎어치는 듯한 아웃인 궤도로 볼을 타격하게 되어 슬라이스가 발생하게 된다.

네 번째 원인은 발과 무릎 그리고 골반의 움직임이다. 아마추어 골퍼들이 가장 어렵게 느끼는 부분 중 하나는 골반의 움직임이다. 드라이버 스윙 시 스탠스는 아이언에 비해 상대적으로 넓어지기 때문에, 하체의 중심이동 또한 커져야 한다. 이때 발과 무릎 그리고 골반을 이용하여 회전을 만들어야 하는데, 지면반발력을 이용한 체중 이동을 제대로 하지 못한 상태에서 골반을 회전하면 〈사진7〉같이 힙이 뒤로 빠지게 된다. 이렇게 되면 상체가 앞으로 나오면서 아웃인 궤도의 스윙이 된다.

<사진7>

<사진8>

마지막 원인은 지나친 상체 고정이다. 골퍼들은 드라이버 스윙 시 볼을 똑바로 앞으로 보내기 위해 종종 상체를 고정한 채로 팔로만 스윙하곤 한다. 〈사진8〉과 같이 상체를 쓰지 않고 하체와 팔만 사용해 스윙하면 아웃인 궤도가 될 수 있다. 이런 자세로 스윙하면 볼은 똑바로 보낼 수는 있으나, 상체가 '치킨윙'이 되어 비거리가 감소한다.

골프는 거리와 방향 두 가지 요소를 함께 고려하는 운동이다. 방향성과 비거리 향상을 위해서는 몸과 팔의 움직임을 항상 신경 쓰면서 연습해야 한다. 필자의 소견으로는 초보자일수록 방향성보다는 거리를 내는 연습을 선행해야 한다고 생각한다. 비거리가 늘어난 후 몸과 팔의 리듬과 템포를 맞추는 연습을 한다면 방향성도 자연스럽게 향상될 것이다.

상체와 하체의 유기적인 움직임을 연습방법은 다음과 같다. 먼저, 〈사진9〉와 같이 어드레스를 서고 양손을 가슴에 교차를 한 후 드라이버 클럽을 잡는다. 다음으로 〈사진10〉과 같이 백스윙을 한다. 마지막으로 〈사진11〉과 〈사진12〉와 같이 다운스윙 임팩트 동작을 취한 상태에서 양팔을 펴서 임팩트 자세를 만든다〈사진13〉. 이상과 같은 순서와 절차에 따라 스윙을 연습하면, 몸의 움직임을 이해하고 습득하는 데 큰 도움이 될 것이다.

<사진9>

<사진10>

<사진11>

<사진12>

<사진13>

GAP 스윙 | 04

유틸리티와 우드

04

유틸리티와 우드

1. 유틸리티와 우드의 차이점

1) 유틸리티

골프클럽 중 숏 게임에 사용하는 클럽들을 제외하고, 롱아이언, 유틸리티, 그리고 우드는 난이도가 높은 클럽들이다. 이 클럽들은 아이언에 비해 상대적으로 샤프트 길이가 길고 로프트 각도가 낮아 볼을 일관된 거리와 방향으로 보내기가 어렵다. 특히, 골퍼들은 이 클럽들을 사용해 볼을 멀리 보내야 한다는 부담감을 느끼게 되어 볼을 더 강하게 치려다가 자주 미스샷을 하게 된다.

몇 년 전까지만 해도 골퍼들은 3, 4, 5번과 같은 롱아이언을 클럽 구성에 포함시켰지만, 최근에는 롱아이언을 제외하는 추세이다. 상급자들만 4, 5번 롱아이언을 사용하고, 대부분의 골퍼들은 6번 아이언부터 사용한다. 롱아이언을 사용하는 골퍼들이 감소한 이유는 골퍼들이 롱아이언의 대체클럽인 유틸리티를 더 선호하기 때문이다.

그렇다면, 왜 골퍼들은 롱아이언보다 유틸리티를 더 선호하는 것일까? 필자는 골퍼들이 유틸리티가 롱아이언보다 사용하기 더 쉽고 편하다고 느끼기 때문이라고 생각한다. 유틸리티는 롱아이언에 비해 클럽의 바닥부분인 "솔"이 더 넓다. 이 솔 부분이 넓으면, 뒷땅을 치는 미스샷이 덜 나오게 된다. 그래서 골퍼들은 롱아이언보다 유틸리티를 사용할 때 더 쉽고 편하게 스윙을 하게 되는 것이다.

그러나, 모든 유틸리티가 스윙이 쉽고 편한 것만은 아니다. 긴 유틸리티의 경우 생각보다 다루기 쉽지 않다. 유틸리티의 번호가 낮을수록 샤프트의 길이가 길어지기 때문에, 초보자들일수록 샤프트 길이가 짧은 높은 번호의 유틸리티를 먼저 연습하는 것이 좋다. 예를 들면, 초보자는 높은 5, 6번을 먼저 연습하여 사용한 이후 필요하면 3, 4번을 사용하는 것이 좋다.

초보자들이 유틸리티와 우드를 놓고 혼동을 하는 부분은 클럽의 번호와 로프트 각도이다. 예를 들면, 4번 유틸리티가 5번 우드보다 번호가 낮기 때문에 거리도 더 멀리 갈거라고 생각할 수 있다. 그러나, 유틸리티와 우드는 전혀 다른 클럽이다. 우드가 유틸리티보다 더 길고 비거리도 더 멀리 간다. 필자는 유틸리티를 우드와 아이언의 중간이라고 생각한다. 거리 운동인 골프에서 아이언과 우드의 거리 차이가 크기 때문에 중간에 유틸리티를 사용하는 것이다. 또한, 유틸리티의 거리가 아이언과 우드의 중간이듯, 헤드의 모양도 아이언과 우드의 중간모양이다.

<사진1>

<좌측부터 롱아이언, 유틸리티, 우드>

골프상식 : 클럽의 난이도와 솔

일반적으로 골프클럽은 초, 중, 상급자용으로 구분되며, 구분 기준은 바로 클럽헤드의 크기와 솔의 넓이이다. 〈사진2〉 그리고 〈사진3〉과 같이 초급자용일수록 클럽의 헤드가 크고 솔 부분이 넓고, 상급자용일수록 클럽헤드가 작고 솔 부분이 좁다. 이러한 차이는 임팩트의 정확성에 영향을 미친다. 솔 부분이 좁을 경우, 클럽헤드가 볼을 정확하게 타격하지 않으면 뒷땅이 발생하면서 거리가 나지 않게 된다. 반면에 솔이 넓다면, 클럽헤드가 볼을 정확하게 타격하지 못한 채 쓸어쳐도 어느 정도는 거리가 날 수 있다.

<사진2>

<초,중급자 좌측과 상급자 우측>

<사진3>

<초,중급자 우측과 상급자 좌측>

2) 우드

초급자들은 종종 우드와 드라이버를 다른 클럽으로 생각한다. 결론부터 말하자면, 드라이버도 우드 중의 하나이다. 아이언과 유틸리티가 클럽마다 번호가 있는 것처럼, 우드도 클럽마다 번호가 있는데 1번 우드를 드라이버라고 부른다. 우드는 번호에 따라서 별칭이 붙는다.

1번 우드의 별칭 - 드라이버(Driver)
2번 우드의 별칭 - 브러쉬(Brassie)
3번 우드의 별칭 - 스푼(Spoon)
4번 우드의 별칭 - 버피(Buffy)
5번 우드의 별칭 - 클리크(Cleek)
7번 우드의 별칭 - 헤븐우드(Heaven)
9번 우드의 별칭 - 디바인나인(DivineNine)

드라이버는 각 홀의 처음 티샷을 할 때 주로 사용하는 클럽이고, 나머지 우드는 세컨 샷이나 서드 샷을 칠 때 주로 사용하는데 이를 페어웨이 우드라고 부른다. 우드도 유틸리티와 마찬가지로 초급자일수록 높은 번호 즉, 5번이나 7번을 먼저 연습하고 이후 3, 4번을 사용하는 것이 좋다.

2. 유틸리티와 우드를 쉽게 치는 방법

초보자들이 유틸리티와 우드를 처음 치면, 볼이 잘 뜨지 않고 거리도 나가지 않는다. 어드레스와 스윙은 드라이버와 거의 흡사하지만, 드라이버와는 달리 우드와 유틸리티는 티에 올려놓고 치지 않기 때문에 정확한 임팩트가 안되면 탄도와 비거리를 내기 어렵다. 따라서, 우드와 유틸리티를 잘 치기 위해서는 정확한 임팩트와 타이밍이 중요하다.

모든 클럽의 임팩트 자세는 거의 흡사하지만 클럽마다 길이와 볼의 위치가 다르기 때문에 타이밍도 상이하다. 유틸리티와 우드도 마찬가지다. 혹자는 유틸리티와 우드는 쓸어쳐야 한다고 주장하는데, 필자의 생각은 조금 다르다. 필자는 숏 아이언의 다운블로와는 달리, 유틸리티와 우드는 수평과 하향의 중간 정도의 다운블로 궤도로 볼을 타격해야 한다고 생각한다. 유틸리티와 우드는 수평이나 상향 타법으로 치는 것은 맞지만, 정확한 임팩트가 나오지 않는다면 뒷땅이나 탑핑 현상이 나오기 쉽기 때문이다. 초보자일수록 이런 위험을 감수하기보다는 헤드가 볼을 먼저 맞고 지면에 떨어지도록 스윙하는 것이 훨씬 유리하다.

연습방법으로는 볼이 없는 상태로 스윙하는 이른바 '빈 스윙'을 연습할 때, 볼을 바로 맞추려는 생각보다는 리듬과 템포를 생각하면서 클럽 헤드가 볼보다 앞에 떨어지도록 '빈 스윙'을 연습하면 도움이 된다. 또한, 스윙의 리듬과 템포가 맞지 않는다면, 헤드는 볼보다 뒤에 떨어지거나 아예 클럽이 바닥에 떨어지지 않는다. 스윙을 할 때, 볼을 맞추려는 생각보다는 백스윙에서부터 피니쉬까지 전체적인 리듬과 템포에 따라 스윙하는 습관이 중요하다.

야구와 골프를 비교해보자. 야구는 움직이는 볼을 치는 운동이다. 날아오는 볼을 내가 원하는 방향으로 쳐서 보내야 하기 때문에, 몸과 팔 그리고 손목의 조작이 필요하다. 반면에 골프는 정지된 볼을 맞추는 운동이기 때문에, 몸, 팔, 손목을 조작해 볼을 맞춘다기 보다는 일정한 스윙궤도에 놓인 볼을 클럽헤드가 지나가며 자연스럽게 타격하게 되는 것이다.

GAP 스윙 05

어프로치

05 어프로치

숏 게임이란 100m 안쪽의 거리를 두고 치는 어프로치 샷, 퍼팅 샷 또는 상황에 따라 트러블 샷을 의미한다. 숏 게임이 중요한 이유는 골프 경기에서 숏 게임이 차지하는 비중이 60%를 넘을 정도로 스코어에 지대한 영향을 미치기 때문이다.

100타를 치는 골퍼의 경기운영과 스코어를 살펴보자. 이들은 18홀을 돌면서 평균적으로 드라이버를 14번 미만 친다(파3 제외). 세컨샷은 18번을, 파5에서 서드 샷은 4번을 친다. 그래서, 미스샷(OB, 해저드, 뒷땅, 생크 등)을 포함해도 최대 50에서 60타 정도를 치게 된다.

이 상태에서 100타를 치는 골퍼가 파온에 성공할 확률이 과연 얼마나 될까? 18홀 라운딩 동안 파온이 5번에서 6번 안쪽이라고 가정하면, 나머지는 모두 그린 주변에서 치는 어프로치, 벙커샷, 그리고 트러블 샷이다. 또한, 그린 주변에서 한 번에 그린에 올리는 경우의 수보다는 미스샷에 의해 두세 번에 파온이 된다. 만약 이들이 한 번에 파온을 하더라도, 홀인까지 두 번 또는 세 번의 퍼팅을 하게 된다. 세계적인 선수들의 퍼팅수는 평균 28-30개이다. 이에 비하여 100타를 치는 아마추어들의 퍼팅수는 45-50개 정도이다. 이러한 경기운영 능력의 차이를 감안한다면, 당연히 스코어를 내기 위해서는 숏 게임 연습은 필수적이다.

그러나, 아마추어 골퍼들은 주로 많은 시간을 할애하여 드라이버와 아이언 샷 연습에 집중하지만 숏 게임은 거의 연습하지 않는다. 그러면서 이들은 드라이버와 아이언이 잘 맞지 않아 숏 게임 연습을 할 여유가 없다고 불평한다. 필자는 드라이버와 아이언이 잘 맞지 않을수록 오히려 숏 게임 연습에 더 집중하라고 말하고 싶다. 드라이버와 아이언 샷을 연습하여 일관성을 찾는 것도 중요하다. 하지만 드라이버와 아이언의 일관성이 떨어질수록 파온이 되지 않기 때문에 숏 게임 능력이 좋으면 더 나은 스코어를 낼 수 있다.

1. 어프로치와 웨지의 이해

그린 주변에서 핀에 가까이 붙이는 것을 어프로치라고 한다. 어프로치에서 주로 사용하는 클럽은 웨지(Wedge)이다. 클럽 솔 부분에 P,A,S라고 쓰여 있는 클럽이 웨지이다. P는 피칭웨지(Pitch Wedge), A는 어프로치웨지(Approach Wedge), S는 샌드웨지(Sand Wedge)라고 부른다. 이 세 클럽의 차이는 로프트 각도 즉, 탄도에서 차이가 발생한다. 클럽의 로프트 각도는 브랜드마다 조금씩 다를 수 있지만, 피칭웨지(pitch wedge)의 경우 44-46도이고, 어프로치웨지(approach wedge)는 48-52도, 그리고 샌드웨지(sand wedge)는 54-56도로 구성된다. 볼의 탄도는 피칭웨지는 낮고, 샌드웨지는 높고, 어프로치웨지는 중간이라고 생각하면 이해가 쉽다. 볼을 낮은 탄도로 친다면 볼은 많이 굴러가고, 이와는 반대로 볼을 높은 탄도로 친다면 적게 굴러간다.

필드에서는 상황에 따라 여러 방안으로 그린을 공략해야 한다. 일반적으로 어프로치에서는 웨지를 사용하지만, 모든 경우가 그런 것은 아니다. 필드의 상황에 따른 응용력이 필요한데, 볼을 낮은 탄도로 보낼 때 사용하는 것은 피칭웨지이지만 7, 8, 9번 아이언을 활용할 수 있고 또는 유틸리티나 우드를 활용할 수도 있다. 일반적으로 벙커 탈출은 탄도가 높은 샌드웨지(sand wedge)를 주로 사용하지만, 상황에 따라 피칭웨지, 또는 9번 아이언도 사용할 수 있다. 이처럼 어프로치는 필드의 여러 상황에 맞는 다양한 샷을 구사할 수 있어야 하고, 현장에 맞는 실전 응용력을 키우기 위해서는 많은 경험과 연습이 필요하다.

<사진1>
<좌측부터 P, A, S 웨지>

2. 웨지샷의 종류와 방법

골퍼는 그린 주변에서 그린 상황에 따라 여러 샷을 구사할 수 있어야 하는데 이중 대표적인 것은 칩샷, 피치샷, 그리고 로브샷이 있다. 이장에서는 칩샷과 피치샷의 원리를 상세히 살펴보자.

1) 칩샷

칩샷은 볼을 낮은 탄도로 쳐서 굴러가게 하는 샷으로 그린 주변에서 가장 많이 사용하는 방법 중 하나이다. "어쩔 수 없이 볼을 띄워야 하는 상황이 아니면 굴려라" 라는 격언이 있듯이 칩샷은 프로 골퍼들이 가장 많이 사용하는 샷이다. 칩샷은 낮은 탄도로 볼을 치기 때문에, 볼은 낙하된 거리보다 더 많이 굴러간다. 칩샷을 사용하는 거리는 최대 약 25-30m 정도다. 그 이상의 거리는 칩샷을 사용하지 않는 편이 좋은데, 이유는 거리가 너무 먼 경우 볼이 굴러가는 도중 다양한 변수들(라이, 디봇 등)이 발생하기 때문이다. 칩샷의 실수를 줄이기 위해서는 25-30m의 거리에서 볼의 낙하지점과 볼이 굴러갈 거리를 머리속으로 계산하는 감각이 중요하다.

앞서 설명했듯이 피칭웨지, 어프로치웨지, 샌드웨지 중 로프트 각도가 가장 낮은 클럽은 피칭웨지이고 그다음은 어프로치 웨지이다. 이 두 클럽을 활용하여 칩샷을 하는 방법을 알아보자.

(1) 어드레스

25-30m 거리는 비교적 가까운 거리이므로 스윙을 크게 할 필요 없다. 손으로 볼을 던진다고 가정해 보면 힘껏 던지지 않아도 되는 거리다. 스윙의 크기를 작게 해서 치는 거리이므로, 스탠스는 양발 안쪽에 주먹 한 개 또는 두 개 정도로 들어갈 넓이로 좁게 서면 된다. 볼과의 거리는 다른 샷보다 조금 가까이 서고, 양손의 모양과 상하체의 숙임은 다른 샷과 동일하게 유지한다.

다음으로 왼쪽 발과 골반을 목표방향으로 많이 열어준다. 그 이유는 짧은 거리 어프로치는 다른 스윙보다 몸을 많이 움직이지 않기 때문에 임팩트 동작을 미리 만들어 놓기 위함이다. 또한, 왼발을 많이 열어두면 클럽페이스가 닫히는 것을 방지하여 정확한 임팩트가 만들어지고, 더불어 클럽도 잘 빠져나가도록 도와준다. 체중은 왼쪽으로 몸이 열려있다는 것을 감안해 왼발과 오른발에 6:4 비율로 싣는다.

볼을 치기 위한 몸 준비가 되었다면 이제 스윙을 하면 되는데, 여기서 가장 중요한 포인트는 핸드 포워드와 손목 각도다. 짧은 거리 어프로치에서 볼을 낮게 치기 위해서는 클럽의 로프트 각도를 세워주기 위한 동작으로 핸드 포워드를 한다. 이후 손목을 약간 앞으로 내밀듯이 세워주는 것이 좋은데, 이유는 클럽 헤드가 잘 빠져나가게 하기 위함이다. 좀 더 구체적으로 설명하자면 클럽헤드의 밑부분인 솔을 보면 힐쪽에서 토우쪽으로 갈수록 그 폭이 넓음을 알 수 있다. 솔의 넓은 쪽을 활용하면 좀 더 클럽이 잘 빠져나간다. 힐쪽을 살짝 들어준다는 느낌으로 클럽을 놓게 되면 손목이 자연스럽게 앞으로 내밀어지며 넓은 쪽의 솔을 활용할 수 있게 된다.

<사진1>

<사진2>

<칩샷 어드레스 앞모습과 옆모습>

(2) 볼 위치

일반적으로 칩샷을 할 때 볼은 양발의 가운데 위치하지만, 상황에 따라서 조금씩 볼의 위치는 달라질 수 있다. 클럽의 로프트 각도를 이해하면 볼의 위치 조정이 쉬울 것이다. 예를 들어, 피칭웨지로 칩샷을 할 때, 볼의 위치는 양발 가운데이며 로프트 각도는 48도이다. 이보다 좀 더 낮은 칩샷을 원한다면, 볼의 위치를 오른발 쪽으로 볼 한 개정도 옮겨놓으면 된다. 이렇게 되면 손의 위치는 그대로 있고 볼은 오른쪽으로 옮겨졌기 때문에, 로프트 각도가 44-46도로 낮아져 볼의 탄도도 함께 낮아진다.

여기서 주의할 점은 볼의 위치를 오른발 쪽으로 너무 옮기면 문제가 야기된다는 것이다. 간혹 오른발 바깥쪽으로 볼을 놓고 치는 골퍼들이 있는데, 볼을 오른발 바깥쪽에 놓게 되면 탑핑이나 뒷땅이 많이 발생하게 된다. 그 이유는 클럽 헤드의 밑부분이 들리게 되면서 리딩엣지만 바닥에 닿게 되어 정확성이 떨어지기 때문이다. 이러한 문제를 감안하여 볼의 위치는 양발 안쪽 범위 내에서 움직이는 것이 좋다.

칩샷 시 어프로치 웨지를 활용할 때 가장 큰 장점은 볼의 위치에 따라 서로 다른 클럽의 로프트 각도로 샷을 구사할 수 있다는 것이다. 예를 들면, 어프로치 웨지를 사용하여 볼의 위치를 발 가운데에 놓았을 때 로프트의 각도는 52도이다. 이때 볼을 오른쪽으로 한 개정도 옮겨놓으면 피칭웨지처럼 48도의 로프트 각도로 낮은 샷이 가능하다. 같은 원리로 가운데에서 왼쪽으로 볼 한 개 정도 옮겨놓으면 샌드웨지처럼 56도의 로프트 각도로 칩샷을 구사할 수 있다.

<사진3>

<사진4>

<사진5>

칩샷 스윙

(3) 스윙방법

칩샷을 구사할 때 다음의 세 가지 요소를 염두하자. 첫째, 손목을 사용하지 않는다. 백스윙 시 손목을 사용하지 않고 양팔과 클럽을 진자운동처럼 움직여 거리에 맞게 스트로크를 한다. 팔로우스루의 크기도 백스윙과 같은 정도의 크기로 하면 된다. 클럽페이스는 목표 방향을 향하도록 정렬한다.

둘째, 스윙의 스피드를 일정하게 유지한다. 칩샷은 짧은 거리의 어프로치다 보니 종종 골퍼들은 임팩트 단계에서 볼을 살짝 건드리는 느낌으로 칩샷을 하곤 한다. 이러한 칩샷을 구사하는 골퍼들은 대부분 백스윙이 크고 다운스윙 때 헤드의 속도를 급격히 줄이면서 살짝 치려는 습성이 있다. 이런 칩샷은 미스샷이 자주 발생하게 되고 거리가 일정하게 나오지 않는다. 임팩트 시 볼을 때린다는 느낌으로 칩샷을 구사해야 하고, 이를 위해 왼손등과 볼이 "맞장구 박수를 친다"는 느낌으로 연습을 하면 효과적이다.

셋째, 다른 모든 샷과 마찬가지로 칩샷도 리듬과 템포에 따라 스윙을 한다. 10m 칩샷을 한다고 가정해 보자. 스윙의 크기를 똑같이 하고 스윙의 리듬과 템포를 달리하면 거리와 방향이 일정하지 않다는 것을 알 수 있다. 리듬과 템포를 일관성 있게 맞출 수 있는 효과적인 연습법으로 어드레스 자세로 선 상태에서 골프클럽 대신 양손바닥으로 볼을 잡고 일정한 폭으로 움직여보면 자신의 리듬과 템포를 느낄 수 있다.

2) 피치샷

(1) 피치샷의 이해

피치샷은 칩샷과 반대로 볼을 띄워서 치는 샷이다. 피치샷은 볼을 높은 탄도로 치기 때문에, 볼은 낙하된 거리보다 적게 굴러가게 된다. 피치샷은 주로 약 25m 이상의 거리에서 볼의 구름을 방해하는 변수(라이,디봇 등)가 있을 때 띄우는 목적으로 사용된다. 볼을 높게 띄우기 때문에, 로프트 각도가 큰 어프로치 웨지나 샌드웨지가 피치샷에 사용된다. 피치샷의 어드레스는 칩샷과 동일하다. 차이점은 핸드포워드와 손목각도인데, 피치샷은 로프트 각도를 높이기 위해 핸드포워드를 조금만 하거나 손을 클럽헤드와 일직선상에 놓는다. 볼은 양발 가운데에 위치하거나 왼쪽에 위치하는게 좋다.

(2) 스윙의 방법

피치샷을 할 때 다음의 세 가지 요소를 염두하자. 첫째, 바운스로 친다. 바운스는 웨지를 지면에 놓았을 때 클럽헤드 밑부분(솔)의 날(리딩엣지)이 서는 각을 의미한다. 피치샷을 구사할 때는 리딩엣지로 볼을 친다는 느낌보다는 헤드 밑면인 솔 부분으로 볼을 때린다는 느낌으로 스트로크하면 좋다. 일부 골퍼들은 볼을 띄우려는 목적에서 손목을 사용하여 볼과 지면 사이로 헤드를 집어넣으려고 시도하는데, 이 방법은 뒷땅이나 탑핑 현상이 많이 발생할 수 있어 좋은 방법이 아니다. 따라서, 어드레스 셋업할 때 손의 위치는 칩샷과 같은 핸드포워드 상태가 아닌 볼과 같은 선상 혹은 볼보다 뒤에 위치해야 한다.

둘째, 코킹을 한다. 칩샷과 반대로 피치샷은 볼을 띄우기 때문에 거리에 따라서 약간의 손목을 사용하는 코킹 동작을 활용하는 것이 좋다.

마지막으로, 임팩트 이후에 클럽헤드를 자연스럽게 먼저 보낸다. 칩샷은 핸드 포워드로 임팩트를 하고 이후에도 손목을 고정시킨다. 반면, 피치샷은 어드레스부터 양손이 핸드 포워드 상태가 아닌 볼과 같은 선상이거나 볼보다 뒤에 있기 때문에, 임팩트부터 손목이 풀리면서 클럽헤드가 먼저 지나가게 된다.

<사진1>

<사진2>

<사진3>

<사진4>

<피치샷 스윙방법>

GAP 스윙

06

퍼팅

06 퍼팅

이전 장에서 설명하였듯이, 골프 스코어에 가장 많은 영향을 미치는 것은 숏게임이다. 숏게임에서 퍼팅은 전체 스코어의 약 40%를 차지한다고 해도 과언이 아니다. 따라서, 스코어를 줄이는 가장 좋은 방법은 바로 퍼팅 기술을 향상시키는 것이다. 이장에서는 퍼팅의 기본 개념과 자세를 상세히 살펴보자.

1. 그립

골프클럽의 그립 쥐는 방법은 퍼터만 빼고 모두 동일하다. 다른 클럽들은 손가락으로 그립을 쥐지만, 퍼터는 손바닥으로 그립을 잡는다. 손바닥으로 그립을 잡는 이유는 손목을 쓰지 않기 위함이다. 퍼터 그립의 두께는 얇은 그립부터 점보그립까지 다양하다. 그립이 두꺼울수록 그만큼 손목 사용이 어렵기 때문에, 얇은 그립에서 두꺼운 그립으로 바뀌는 추세이다. 퍼터 그립에는 리버스 오버래핑 그립과 크로스 핸드 그립이 대표적이며 이밖에도 집게그립 등이 있다.

1) 리버스 오버래핑 그립

리버스 오버래핑 그립은 일반적으로 골퍼들이 가장 많이 사용하는 퍼터 그립이며, 일반 클럽의 오버래핑 그립과 반대되는 그립이다. 왼손 검지손가락 세 번째마디와 손바닥의 생명선 부분에 그립을 놓고 〈사진1〉, 중지, 약지, 새끼손가락으로 그립을 잡고 엄지손가락은 그립 위에 가볍게 올려놓는다〈사진2〉. 오른손 그립도 왼손과 마찬가지로 손바닥에 놓고 다섯 손가락으로 잡으면 된다. 이때 왼손 검지손가락을 오른손가락 위에 가볍게 올려 놓는다〈사진3〉.

이 그립의 장점으로는 오른손 전체를 왼손 검지손가락이 받쳐주기 때문에, 오른손의 감각을 이용해서 거리감과 방향성을 맞추기가 가장 좋은 그립이다. 반면에 손목 사용이 쉽기 때문에 손목이 꺾이는 현상이 발생한다. 따라서, 따라서 리버스 오버래핑 그립을 사용할 때는 손목을 고정시키고 스트로크를 하는 연습에 집중해야 한다.

<사진1>

<사진2>

<사진3>

<퍼터 그립잡는 방법>

2) 크로스 핸드 그립

크로스 핸드 그립은 리버스 오버래핑 그립과 반대로 왼손이 오른손보다 아래에서 그립을 잡기 때문에 일명 "역그립"으로 불린다〈사진5〉. 크로스 핸드 그립은 손목 사용이 어렵기 때문에 숏 퍼팅에서 정확도가 높은 장점이 있는 반면에, 거리를 조절하기가 힘들다는 단점이 있다. 이러한 특성 때문에, 간혹 롱 퍼팅은 리버스 오버래핑 그립을, 숏 퍼팅은 크로스 핸드 그립을 모두 사용하는 선수들도 있다.

<사진4>

<사진5>

<좌측 리버스 오버래핑 그립, 우측 크로스 핸드 그립>

2. 어드레스

퍼터의 스탠스 넓이는 거리를 멀리 보내는 데 목적이 있지 않기 때문에 넓게 벌릴 필요가 없다. 스탠스는 어깨 넓이보다 약간 좁게 서는 편이 좋다. 이때 양발은 11자로 서는 것이 좋은데, 정렬을 쉽게 하기 위함이다. 양팔은 팔과 몸의 일체감을 주기 위하여 팔꿈치를 살짝 구부려 몸 안쪽으로 모아주는 것이 좋다〈사진1〉. 반듯하게 서서 양손으로 그립을 잡고 '앞으로 나란히' 한 상태에서 팔 모양은 그대로 유지하며 양 팔꿈치를 몸쪽으로 살짝 구부려서 붙인다는 느낌으로 어드레스 자세를 취한다.

<사진1>

<사진2>

<올바른 퍼팅 어드레스 앞·옆 모습>

볼의 위치와 체중 분배

볼의 위치는 선수들마다 다르지만, 몸의 중심으로부터 볼 한 개 정도 왼쪽에 놓는 것이 일반적이다. 왼쪽 눈 밑에 볼을 위치한다고 생각하면 이해하기 쉽다. 퍼팅도 다른 샷과 마찬가지로 핸드포워드를 하는 편이 좋은데, 퍼팅 스트로크를 할 때 헤드 페이스가 빨리 닫히는 것을 방지하기 때문이다. 체중은 왼발에 60-70% 두는 것이 좋다.

〈사진3〉과 같이 어드레스에서 손의 위치가 볼보다 뒤에 있게 되면, 볼의 구름이 일정하지 않게 되면서 거리와 방향에서 일관성이 떨어진

다. 따라서, 손의 위치를 약간 핸드포워드로 하게 되면, 볼을 일관성 있게 굴릴 수 있다.

〈사진4〉와 같이 어드레스에서 체중이 발 뒤쪽에 있고 눈의 위치가 볼보다 안쪽에 있게 되면 상체가 들리게 되면서 볼이 목표 방향보다 오른쪽으로 갈 확률이 높아진다. 따라서, 어드레스에서 체중은 발 중간에서 약간 앞부분에 두고 왼쪽 눈의 위치에 볼을 두는 것이 좋다. 반대로 〈사진5〉와 같이 체중이 너무 앞쪽에 있으면서 눈의 위치가 볼보다 바깥쪽에 있게 되면 볼이 목표 방향보다 왼쪽으로 갈 확률이 높아진다.

마지막으로 〈사진6〉과 같이 턱을 너무 들면 볼을 너무 내려 보게 된다. 이러한 자세는 목표방향을 볼 때 착시현상을 일으키고, 목과 어깨에 힘이 많이 들어가게 만든다. 따라서, 볼을 정면으로 바라볼 수 있게 턱을 당겨야 한다.

<사진3>

<사진4>

<사진5>

<사진6>

<잘못된 퍼팅 어드레스>

3. 숏 퍼팅

퍼팅은 경사, 힘 조절, 스트로크 등 다양한 요소들을 신경 써야 하는 매우 예민하고 어려운 운동이다. 특히, 1.5-2m 정도의 거리가 남은 상황에서 투어프로들 조차도 종종 퍼팅의 어려움을 겪는다. 아마추어들은 1m 이내는 오케이(Concede 컨시드)라는 규칙을 적용하기 때문에 퍼팅을 끝까지 하지 않는다.

퍼팅을 할 때 고려해야 할 가장 중요한 요소는 방향과 힘의 조절이다. 경사에 따라 경사를 얼마나 봐야 할지 그리고 얼마나 세게 쳐야 할지 미리 계산하여 퍼팅해야 한다. 예를 들면, 1.5-2m 거리가 남은 상황에서 오른쪽에서 왼쪽으로 휘어지는 훅 라이라고 가정할 때, 경사도에 따라 홀컵의 오른쪽으로 얼마나 더 거리를 봐야 하는지 고려해야 한다. 더불어 얼마나 강하게 스트로크를 해야 하는지도 미리 염두해야 한다.

정확한 숏 퍼팅을 위한 Tips

숏 퍼팅을 잘하기 위해서는 다음의 세 가지 요소를 고려해야 한다. 첫째, 볼을 끊어친다. 숏 퍼팅이 잘 안되는 대부분의 골퍼들은 볼이 홀컵을 지나갈까 두려워하여 백스윙 크기에 비해 너무 약하게 스트로크하는 경향이 있다. 스트로크가 약하면 볼이 홀컵에 도달하기 전에 멈추거나 휘게 된다. 정확한 끊어치기를 하기 위해서는 백스윙을 크게 들기보다는 팔로우스루를 짧게 한다는 느낌으로 스트로크하는 습관을 갖는 것이 좋다. 거리에 따라 스윙의 크기를 사전에 설정하고 리듬과 템포를 생각하면서 끊어치기 연습을 하면 좋다.

둘째, 숏 퍼팅은 라이를 너무 많이 보지 말고 자신있게 스크로크하는 것이 더 중요하다. 물론 숏 퍼팅의 경우도 때에 따라서는 라이를 많이 보고 부드럽게 쳐야 하는 상황이 있다. 그러나 일반적으로 숏 퍼팅을 너무 약한 강도로 스트로크하게 되면 잔디결의 저항을 많이 받으면서 성공 확률이 낮아지게 된다. 따라서, 라이를 적게 보고 홀컵을 30-40cm 지나갈 정도로 과감하게 볼을 스트로크해야 홀인에 성공할 확률이 높아진다.

마지막으로, 숏 퍼팅에서도 손목을 사용하지 말아야 한다. 손목을 사용하게 되면 거리와 방향이 일정하지 않게 된다. 따라서, 손목을 고정하고 손등으로 볼을 끊어친다는 느낌으로 스트로크하는 것이 좋다.

4. 롱퍼팅

롱퍼팅 시 고려해야 할 중요한 점은 다음의 두 가지 사항이다. 첫째, 그린의 경사를 읽을 수 있어야 볼이 굴러가는 방향을 예측할 수 있다. 그린 경사를 읽기 위해서는 그린 전체의 지형을 주의 깊게 살피는 것이 중요하다. 특히, 볼이 있는 지점에서부터 홀컵까지의 경사를 유심히 살펴야 한다. 예를 들면, 비가 와서 그린에 물이 있다면, 어느 방향으로 물이 흘러서 내려가는지를 확인해야 한다. 당연히 물은 높은 곳에서 낮은 곳으로 흐르기 때문에 낮은 경사면을 찾는데 도움이 된다.

낮은 경사면은 대부분 벙커나 해저드 쪽이라고 생각하면 되고, 산악지형인 골프장이나 제주도 같은 곳의 골프장은 산 쪽 방향이 높은 경사면이라고 생각하면 이해가 쉽다. 아울러 볼과 홀컵의 반대방향에서 경사를 한 번 더 확인하는 것이 좋은데, 이렇게 하면 착시효과로 발생한 오판을 줄일 수 있고 높낮이를 좀 더 정확하게 판단할 수 있다.

선수들은 그린에 볼이 올라가면 볼과 홀컵의 거리를 걸어가면서 경사면을 확인하고 발걸음으로 거리를 잰다. 이후 반대 방향에서 다시 한번 확인한 후 다시 볼쪽으로 와서 최종적으로 방향과 스트로크의 세기를 결정한다. 이러한 선수들의 루틴과는 달리 아마추어 골퍼들은 그린에 올라오면 가만히 서 있는 습관이 있다. 이들은 주로 캐디에 의존하여 캐디가 놓는 볼을 스트로크하려 한다. 이러한 방법은 잘못된 습관이다. 만약 플레이어와 캐디가 처음 대면한 채 라운딩을 한다면, 캐디는 골퍼의 개별적 특성을 전혀 알지 못한다. 예를 들면, 캐디는 플레이어가 라이를 많이 보고 부드럽게 치는 스타일인지 아니면 반대로 라이를 적게 보고 강하게 스트로크하는 스타일인지 모르기 때문에 정확한 조언을 해줄 수 없다. 따라서, 캐디의 조언은 경청하되 골퍼 스스로 판단하고 결정하는 습관을 들여야 한다.

둘째, 롱 퍼팅은 홀컵에 홀인한다는 생각보다는 1.5-2m 정도에 붙인다는 생각으로 스트로크하는 것이 좋다. 필자의 소견으로는 숏 퍼팅에 자신감을 갖게 되면 롱퍼팅도 유리하게 이끌어 갈 수 있다고 생각한다. 10m 퍼팅을 한다고 가정해 보자. 10m 퍼팅에서는 볼을 50cm

이하로 붙일 수 있다면 가장 좋겠지만, 1.5-2m 거리에 붙여도 나쁘지 않다. 이유는 숏 퍼팅에 자신감을 가진 골퍼는 남은 거리에서 쓰리 퍼터 할 확률보다는 홀인에 성공할 확률이 높기 때문이다.

결론

골프교습가들은 골프스윙을 다양한 원칙과 방식으로 지도한다. 그러나, 스윙에 문제가 있는 골퍼들에게 이들은 일관되게 "Back to basics" 기본으로 돌아가라는 조언을 주로 한다. 그 이유는 골프스윙은 그립과 어드레스, 테이크어웨이, 백스윙, 전환동작, 다운스윙, 팔로우스루, 피니쉬까지 기본적인 원리와 움직임에 따라 만들어지기 때문이다. 필자 또한 개인연습을 할 때나 골퍼들을 지도할 때 기본기에 집중하여 연습과 지도를 하고 있다. 이러한 필자의 의도를 이 교재에 반영하였고, 스윙의 단계별 기본 동작을 좀 더 상세하게 설명하기 위해 노력하였다.

골프에서 가장 필요한 것은 인내와 노력이다. 개인적으로 골프는 단기간에 연습한다고 해서 잘할 수 있는 운동이 아니라고 생각한다. 골프를 배우고 연습하는 사람들이 자주 하는 말 중 하나가 "언제 되나요?" "되긴 되나요?"다. 이 질문을 하는 사람들은 모두 정말 열심히 연습하는 사람들이다. 이들은 없는 시간을 쪼개면서 아파도 참고 매일같이 연습을 열심히 한다. 하지만 실력이 늘지 않는 자신을 바라보며 자존감이 땅에 떨어지는 것을 여러 번 경험한다. 그리고, 실력은 늘

었어도 자신이 원하는 만큼의 수준이 아니어서 늘 실망을 한다. 그러나, 여러분들은 한 걸음씩 천천히 목표에 다가가고 있으며, 지금처럼 노력하면서 기다린다면 머지않아 좋은 결과를 얻을 수 있다고 필자는 확신한다. 노력은 결코 여러분을 배신하지 않을 것이다.

이 교재가 여러분들에게 작은 도움이 되길 희망한다.